잉걸북스
문 학 선

CROSS
0 0 1

이벤트 후원해주신 분들 박제영 권광영 양선희 김유경 이순원 이필 김연숙 허지영 고상호 심대현 곽대중 장은숙 송예진 장소순 정의숙 김성기 이상미 박지성 박지숙 박지윤 양민호 박종민 박성수 박은정 김혜숙 박기현 박경순 박명자 박수연 권성기 박종성 황소례 신광철 신영철

잉걸북스 문학선 CROSS 001

소설가의 시

1판 1쇄 인쇄 2025년 11월 19일
1판 1쇄 발행 2025년 11월 24일

지은이 권재이 김도언 김태용 문형렬 서하진 은미희 이만교 이명랑 전경린 한창훈
펴낸이 신승철
펴낸곳 잉걸북스

편집위원 김나정 김도언 김이은 원종국
교정교열 오재연
디자인 놀이터

출판등록 2024년 8월 29일 제25100-2024-000052호
주소 서울시 노원구 노원로 564, 1011-1311
전화 010-4964-6595
팩스 02-6455-3736

ⓒ 권재이 김도언 김태용 문형렬 서하진 은미희 이만교 이명랑 전경린 한창훈, 2025

ISBN 979-11-990192-6-3 04810
　　　979-11-990192-4-9 04810 (세트)

- 책값은 뒤표지에 있습니다.
- 이 책 내용의 일부 또는 전부를 재사용하려면 반드시 잉걸북스의 동의를 얻어야 합니다.
- 잘못 만들어진 책은 구입하신 서점에서 교환해드립니다.

잉걸북스
문학선

CROSS
001

소설가의 시

잉걸북스

| 차례 |

권재이
주절주절 식물원 9
아이 러브 티비 12
비포 애프터 15
배트맨 앤 로빈 18
시시티브이는 쉬쉬, 한다 20

김도언
극장 안의 관객과 극장 밖의 관객 29
여름 노래 33
불안의 우주 34
풍문 36
질투심 37

김태용
비 시 45
자연 47
누운 책 49
여름날저녁미친사랑의노래 51
돌아와 53

문형렬
무기여 잘 가거라 61
경주분황사모전석탑 63
쇠별꽃 앞에서 64
아주 키 작은 나무 66
12월에 쓰는 편지 68

서하진
　어머니　　　　　　　　　　　77
　세 자매　　　　　　　　　　79
　김밥 마는 오후　　　　　　　80
　찜질방에서　　　　　　　　　81

은미희
　별리　　　　　　　　　　　　87
　폭염주의보　　　　　　　　　89
　이상 기온　　　　　　　　　　92
　사하라　　　　　　　　　　　94
　슬픔을 모르는 시계　　　　　96

이만교
　미래의 노인들을 위하여　　　105
　폐가　　　　　　　　　　　　108
　천사의 그네　　　　　　　　　111
　물고기가 들어 있는 겨울 방학　119
　노래　　　　　　　　　　　　125

이명랑
　턱수염 도마뱀　　　　　　　133
　소금　　　　　　　　　　　　134
　♪과 🪑　　　　　　　　　　136
　플라스틱으로 만든 방에 발을 들여놓다　138
　드라이플라워　　　　　　　　140

전경린
　노랑 레몬　　　　　　　　　　　147
　사물이 우는 방식　　　　　　　150
　보통의 외로움　　　　　　　　152
　이중 책장　　　　　　　　　　155
　공휴일　　　　　　　　　　　162

한창훈
　뱃사람　　　　　　　　　　　175
　바다에 비 내리면　　　　　　176
　여수　　　　　　　　　　　　177
　계엄1　　　　　　　　　　　179
　계엄2　　　　　　　　　　　181

주절주절 식물원
외 4편

권재이

권재이 | 〈조선일보〉 신춘문예로 등단. 단편집 『골목에 관한 어떤 오마주』
장편소설 『칼과 혀』 『미미상』 『검은 모자를 쓴 여자』 등이 있다.

주절주절 식물원

암사자 한 마리를 키우는 중입니다

쌍떡잎 이빨에 꼬리는 빗나간 날씨를 닮았고요 걸음걸이는 실시간 검색어처럼 숨이 찹니다 마침내 이 도시를 모두 서치하겠다는 허무맹랑 같은 것, 욕조에 넣어 주니 게걸스럽게 잠을 자더군요 젖은 갈기를 부레옥잠인줄 착각했나 봅니다

하루 세 끼 물을 주고 쓰다듬었습니다

어느 아침엔가 혀가 자라더니 조잘조잘 떠들어 대네요 고양이일까요 광고판 속 홀로그램인가요, 너무 어려서 거리로 나가 사람들을 잡아먹을 힘도 없고요 동물의 왕, 명예는 이미 포기한 지 오래, 예쁘게 사진 한 장 찍어 인스타에 올려 달래요

아, 이름 짓는 걸 잊었군요 뽀삐나 해피로 하고 싶었는데, 개가 연상되는 이름은 싫답니다 그렇다고 해서 악역

프레지던트는 더더욱 싫고요 그냥 예쁜 이름으로 지어 달래는데 예쁜의 기준을 몰라 지피티에게 +작명으로 물었습니다 압도적인 1등은 감자나 두부, 소금, 초코, 푸딩이었는데, 왜 다들 먹는 이름일까요?

  음식 이름은 오래 산다는데 저는 모르겠습니다 그래서 정해진 이름은 '둘리'
  특별한 이유는 없고 옛날 만화를 보다가 무심코

  SNS에 녀석을 소개하기로 했습니다 같이 밥을 먹거나 씻거나 잠을 자거나 산책하거나, 아주 평범한 것들로…… 어제는 댓글 하나가 달렸는데 세계는 언제 구할거냐고 하더군요 댓글을 읽는 내내 사자의 눈빛이 빛나서 조금 무서웠어요

  다음 날 맛있는 치킨을 시키고 음악을 틀어 주었습니다

세상이 소란스러워지는 것은 원치 않거든요

지식은 잠을 자는 게 현명합니다.
그러니 조용히 조용히
쓰다듬어만 주세요

아이 러브 티비

혀를 갈아 끼우는 재주가 있어 언제나 혼자 떠들지
바다 건너 국경이 폐쇄됐다거나 야만인이 출몰했다거나
침.영.적.인 저.넘.뺑.이 돈다거나 갑자기 죽은 유명 인사들

누가 켜 놓은 걸까, 누가 입을 놀리도록 한 걸까 듣는 이는 누구일까 그냥 공허 가운데 혼자 떠드는 거라면, 가족을 구하려고 아버지가 떠난 빈방에서, 그이가 아이 때부터 벗어놓은 옷가지에 곰팡이가 필 때까지, 언젠가 돌아온다는 기다림을 믿으며

인간은 달에 간 적이 없습니다

오늘만 세일, 2만9천9백 원, 크리스마스에 꽃이 핀대요
아기 예수는 쇼핑을 좋아하고요 노인들은 임영웅 티케팅에 성공하고요 연말이면 양복쟁이들은 착해진단 말입

니다 이웃의 개가 왈왈 짖고요, 오우무아무아*의 정체가 무언지는 아무도 모르는데, 당신은 정말로 하와이에 가본 적이 없나요?

 오우무아무아에 오우무아무아효
 사실 그건 북방 돌고래의 웃음소리랍니다

 그래서 달에 간 적이 있습니까?

 정수리를 거울에 비추면 내일의 운명을 알 수 있나요
  말라 홀쭉해진 북극곰 사진으로 북극을 알 수 있나요
전단지마다 소개되는 진수성찬과 유튜브 먹방, 때마다 입금되는 공약으로 당신은 행복합니다 예쁜 옷을 입고 예

---

* 2017년, 인류가 처음으로 관측한, 태양계를 거쳐 간 성간천체.

권재이

쁘게 거리에 나가 사진을 찍고, 알아주는 학교, 알아주는 직장, 누구도 시키지 않은 노동, 오우무아무아헬

  손바닥을 구걸하는 티브이
  갈비뼈가 드러난 흑인 아이를 품에 안고 웃는 탤런트, 인생은 살 만하군요, 그래도 천국엔 가고 싶습니다 죽어가는 순간까지 간증을 해야 하는 불안함, 사각 프레임 안에 바다도 있고 지구도 있고 신도 있고 그러나 진짜 당신은 없고 오우무아무아악,

  테레비는 여전히 중얼거립니다
  전염병이 올 시간이라는데

  당신은
  여전히

비포 애프터

    동그라미인 듯 세모인 듯 아직도 꿈을 꾸고 있나 사랑하는 이를 기다리나 누군가 담장에 그리다 만 얼굴 하나 대답 대신 햇살 쪽으로 코를 낮추고 비포 애프터

    빵집엔 음악이 흐르고 군인들이 행진하고 먼 곳으로부터 사이렌이 조여 오지만, 아직은 이 세계가 결합되는 방식과 무관하여 적당한 평화가 남아 있고 적당한 호기심도 서려 있고 누군가 쭈욱 코와 턱 사이를 잡아당기면 입술이 생겨 키스도 할 것 같은데

    밤이 되자 사내들이 얼굴에 오줌을 지리고 간다 고양이가 윤곽을 핥는다 2층 다세대 주택에선 세상을 다 살아버린 노인네가 꿈속으로 도망갈 연습을 하고, 사방의 문들은 더욱 단단해지고 신문에선 새로운 뉴스가 넘치는데

    반갑습니다

달지도 쓰지도 않은 빵 냄새가 아침부터 식욕을 시험해……

누가 그랬는가, 누굴 기다리는가 질문은 시시하다 사람들은 생선 한 토막, 혹은 축제용 케이크를 들고 낑낑대며 살아가는 일에 익숙하다 가는 길에 제 발목을 눌러 밟고서 달아난 얼굴들 헤아려 보기도 하다가 가끔은 담장의 미완성 낙서를 무심히 치고 지나가는 햇살과, 달빛과 고양이와 그리고 당신이 균열 사이에 숨겨둔 어제

생각해 봅니다

거리에 차고 넘치는 얼굴에 대하여, 다들 두고 떠나는 분위기, 너의 윤곽을 찾는다는 건 애초부터 불가능한 동화 같아서 담장으로 부스러져 나와 애써 시위하는 건지

도 몰라

   달아난 몸통들은 소식이 없습니다

   나사의 긴급 발표, 48시간 동안 해가 지지 않던 어느 날 아이들이 골목으로 몰려나와 뼈를 말리고 캄보디아 뉴스는 끝날 생각이 없고 (불안합니다) 그러니까 반갑습니다 울타리에 핀 붉은 장미들이 죄다 오른쪽으로, 죄다 왼쪽으로

   외계인은 아직 소식이 없나요?

   너는 마냥 웃는다 표정을 떨구는 법을 몰라서

   저, 피 같은 붉은색을 붙잡고

배트맨 앤 로빈

  노인이 리어카를 끌고 골목을 내려온다
  리어카에 담긴 해골들이 덜컹덜컹, 요즘은 고철보다 비싸서 공병 서른 개보다 낫다는데 이빨이 남은 해골은 그보다 비싸고 눈알이 남은 해골은 갑절쯤 더 비싸다. 혀가 남은 해골은 냉큼 잘라내야 하는데 대문마다 엘피판처럼 해골이 차고 넘쳐서

  노인이 간다, 긴 혀를 끌고 횡단보도를 향해
  머지않아 신호를 건너야 하는데 빨간색과 파란색, 그 너머에 숲이 있고 고물상이 있고 추억이 있고, 다들 한땐 잘나갔지, 인생의 후회 같은 건 늦어서 그래도 세계를 구한 영웅들인데, 살아서 얼마나 이 골목을 오르내렸는가 한탄은 쓸모가 없고

  빨리 길 좀 비켜 주세요, 독촉하는 해골들
  도시는 어둡고 마콘도처럼 일 년 내내 산성비가 내리고

폼페이처럼 발밑마다 공허를 품고 있어서 배트맨은 알코올중독자가 되었고 구급차는 자주 펑크가 나고 화가들은 지구보다 치마를 더 사랑했지 사랑한다는 건 꿈의 방식, 없어도 그만인

  그러니까 로빈, 옛날이 확실히 좋았어 신호등이 고장나기 전의 평화, 담벼락에 낙서로 남아 있다 누가 고담을 구할까 해골이 이리 넘치는데, 무덤에 들어가긴 쉬워도 영화관은 여전히 영웅을 추모하고 사람들은 악인을 안주로 술을 마시고 자동차는 제멋대로 달리고 장미는 옆으로만 자라서…… 태양은 전등처럼 깜박

  그러니까 로빈
  제발, 드립을 멈춰 줘

시시티브이는 쉬쉬, 한다

너는 실종되었다, 종일 수만 개의 모니터를 구름 속에 펼쳐 놓고 의자에 앉아 가끔 코를 쑤셔가며 무료하게 관찰만 하는 저 사내의 호떡 반죽 같은 상상 속으로

운동하던 여자가 수풀로 몸을 숨기고 장마가 넘실거리는 강 위로 냉장고가 떠내려갈 때, 물류센터 지하에서 검은 연기가 치솟으며 음악이 둥둥

사내는 억, 억 년 동안 관찰만 하다가 억, 억 년 동안 구경만 하다가 부끄러운 나머지 구름 속으로 숨었다, 언젠가 다시 온다는 황당한 농담을 남기고

(그래도 여전히 믿습니다)

센트레빌 지하 구석에 가면 구름 사내의 분신을 만날 수 있다

한 평쯤 되는 방에서 에어컨도 없이 노란 냄비에 라면을 삶아 먹으며 모니터를 바라보다가 히죽거리다가 손전등 들고 주기적으로 어둠을 살피고 오는

처음 보는 남자가 골목으로 휴대폰 하나 툭 떨어뜨리고 간다

CCTV가 부지런히 그림자를 주워 담을 때, 구름 속에 앉았던 사내는 지상으로 수금을 떠나고, 갑자기 암전되는 모니터, 은행잎을 쓸던 경비가 잘못 건드린 전깃줄 위로

까마귀 한 마리

까맣게

쉿

제발, 닥치라고!

| 시작 노트 |

    오래된 일기장을 열듯, 시골집 컴퓨터까지 뒤져서 옛날에 쓴 시들을 찾아보았다. 거의 몇 년을, 시에 완전히 미쳐서 살던 시절이 여전히 거기 있었다.

    그 시절엔 좀 젊었고, 스스로 시를 되게 잘 쓰는 줄 착각했다. 주변에서도 그렇다고 하니까 더 그런 줄 알았다. 그러나, 등단 운이 좋지 않았다. 가끔, 아슬아슬하게 비켜 갔다. 그래서 어느 날, 딱 멈췄다. 더는 고통받기 싫어서.

    20년도 더 지나서, 오래된 편지를 읽듯 그 시들을 꺼내 놓고, 이걸 어떻게 고치지 열흘도 넘게 고민했다. 언어를 극도로 절약하거나, 중심을 꺼내지도 않고 주변을 산문처럼 맴도는 요즘의 시들과 너무 괴리가 느껴졌다.

    그래도 최소한의 부끄러움을 면하고자 최근의 사회성을 덧씌웠는데 잘한 건지는 알 수 없다. 90년대 서울말을 티브이에서 보고 듣고 깜짝 놀라듯, 오랜만에 보는 내 시가 주는 감정이 그랬다. 낯설다. 어색하다. 주절주절 말이 많다.

그 시절, 시는 무얼 구원할 것인가로 우린 자주 토론했다. 당연하게도, 아무것도 구원할 수 없고, 목적을 가지면 그건 시도 아니니, 아무거나 떠오르는 대로 시를 썼던 것 같다. 그럼에도 프로파간다에 많이 휘둘린 느낌이다.

소설을 쓰면서, 문학에 대해 말할 일이 있을 때 나는 종종 시인이 부럽다고 고백했다. 내가 참으로 오랜 밤과 낮, 머리를 쥐어짜 긴 문장을 쓰는 동안, 그들은 종종 내가 난삽하게 주절거린 문장을 한두 줄로 마감해 버리기 때문이다.

최근에 심심해서 유튜브 채널을 하나 시작해 보았는데, 콘셉트만 짜 주면 인공지능이 영상과 음악을 원하는 대로 만드는 걸 보고 큰 충격을 받았다. 그림과 사진은 실재와 구분하기 어려울 정도로 정교하다. 주변에서 인공지능 관련 대화가 오고 가면 나는 힘주어 말하곤 한다. 그래도, 시와 소설은 어려울걸? 인공지능이 카프카나 칼비노, 키냐르, 사르트르를 대신할 수 있다고? 말도 안 돼.

하지만 두려움이 있는 게 사실이다.

그런 날이 오면, 무얼 하지?

극장 안의 관객과 극장 밖의 관객
외 4편

김도언

김도언 | 1999년 〈한국일보〉 신춘문예 소설부문에 당선되어 소설을 발표하기 시작했고 2012년 시전문계간지 《시인세계》 신인상에 당선되면서 시작 활동도 병행했다. 펴낸 책으로 장편소설 『이토록 사소한 멜랑꼴리』 『꺼져라 비둘기』, 소설집 『악취미들』 『홍대에서의 바람직한 태도』 등과 시집 『권태주의자』 『가능한 토마토와 불가능한 토요일』 등이 있다.

극장 안의 관객과 극장 밖의 관객

극장을 나온

젊은 사내, 죽으려고

죽기만 하려고

다른 건 할 생각이

조금도 없고

오직 죽기만 해보려고

자신의 풍족하지 않은

모더니티와

발전이라곤 없는 농담이 못마땅해

죽는 게 좋겠다고

단단히 마음을 먹고

극장을 막 나온 젊은 사내가

꽃집과

국숫집을 지나

독일약국에 들어갔는데

사내에겐

빨간색으로 머리칼을

물들이고

록밴드의 보컬을

죽도록 쫓아다닌

불성실한

여자 친구가 있었고

길고양이를 수집하는

어머니가 있고

아버지는

폭력적인 관료였는데

그는 그것들로부터

힘껏 도망쳐

극장으로 피신했던 것인데

영화는 죽음보다

환하고 지루해서

슬픔을 지울 길이 없고

유령 같은 옆자리 관객이

사타구니께로 손을 뻗어 올 때

기차처럼 빠르게

극장을 뛰쳐나온 사내는

죽으려고

다른 욕심은 없고

죽기만 해보려고

붉은 해가 떨어지는

지독하게도

모더니티가 희박한

개성 없는 도시 한낮의 차도를

가로질러

꽃집을 지나서

국숫집을 지나서

약국을 들어간 것인데,

호기심 가득한 누군가가

이 모든 것을

이토록 사소한 시퀀스를

극장의 옥상에서 관찰하고는

'극장을 나온

젊은 사내, 죽으려고'

첫 두 줄을 쓰기 시작한 것인데

극장에서 약국까지가

그의 시선이 떨어진 절벽이었네.

여름 노래

흥에 겨워 여름이 오면 가슴을 활짝 열어요. 어디선가 여름을 찬양하기 위해 만들어진 노래가 들려오네. 노래는 아무 잘못이 없지.

그런데 여름에는 일제히 시신이 부패하잖아. 누군가에게 몰래 죽임을 당한 시신도, 가족들과 물놀이 하다 급류에 떠내려간 시신도, 홀로 살다가 아무도 몰래 쪽방에서 죽은 노숙자의 시신도, 시민과 가족의 통곡 속에 묻힌 고위 관료의 시신도, 독재자의 시신도, 아름다운 여배우의 시신도 일제히, 열심히 부패하지.

여름이 위대하다면, 그러니까 여름을 찬양해야 할 이유가 있다면, 그것은 시신들을 썩힘으로써 시신들이 가장 시신답게 처신하도록 돕기 때문이야. 모든 걸 썩히고 지워 버리는, 흥에 겨워 여름이 오면 가슴을 활짝 열어요.

김도언

불안의 우주

 별이 떠도 이상하지 않을 만큼 모두가 숨죽인 오후 네 시, 한여름이다 슬리퍼를 신은 중년 사내 하나, 대여섯 살 짜리 아이와 손을 잡고 아파트 현관 앞으로 나온다 사내는 담배에 불을 붙이고는 달뜬 손가락으로 어딘가에 전화를 건다 아이는 중년 사내의 손에서 떨어져 자전거를 타고 사내를 가운데 놓고는 천천히 빙글빙글 돈다 넘어지지 않을 만큼만 페달을 굴린다 사내가 전화기에 대고 빠르게 말한다 담배 연기는 별 사이에서 흩날리는데

 주말에는 문자 같은 거 하지 말라니까, 그래 사랑한다고, 월요일 저녁에 보자고 했잖아, 이해해 줘야지, 당신밖에 없는 거 몰라

 아이는 사내를 가운데에 두고, 두 바퀴 세 바퀴 알 수 없는 표정으로, 불안의 우주를 건너는 표정으로 빙글빙글 돈다 페달을 구르는 아이의 다리가 유난히 희다 전화를

마친 사내가 아이를 부르며 손을 내민다 그의 눈에 허기가 가득하다 별똥별이 되고 싶은 아이가 마지못해 그 손을 잡는다 뜨거운 손과 물컹한 손이 미끄러지며 만난다 자전거가 기울듯이 쓰러지고 오후가 절정에서 슬그머니 내려온다

풍문

희미한 종소리에 실려

풍문이 들려왔다

사랑은 가장 신성한 방탕이거나

가장 타락한 숭고라고

외로워서 저물어 가는

저녁의 심장마다 풍문이 박혔다

어떤 여자는 구두를 벗었고

남자는 서둘러 창문을 닫았다

질투심

　예전에 같은 회사에서 일했던 동료 L은 말을 할 때, '사실상'이라는 조건절을 자주 사용하는 습관이 있었어요. 예를 들면, "나는 사실상 그것을 결정할 위치에 있지 않았어요."라든지, "그 일은 사실상 그 순간 끝나버린 거라고요."라고 말하는 식이었죠. 그의 말은 매우 조리가 있고 설득력이 있어서 누구나 주목을 하고 경청을 했죠. 나는 언젠가 동료들과 술을 마시는 자리에서 L의 상징자본이 돼 버리다시피 한 '사실상'이 마음에 들었고 그것을 내 것으로 만들고 싶다는 생각이 들었어요. 네, 질투심이었을지도 몰라요. 그래서 그것을 내 말 속으로 가지고 왔지요. 그리고 동료들 앞에서 처음으로 사용해 봤어요. "저, 사실상 화장실 좀 다녀올게요." 그러자 동료들이 하하하 오래오래 웃었어요.

| 시작 노트 |

　언제부터라고 말할 수는 없지만 제법 어린 시절부터 불안이란 걸 의식하기 시작했다. 내 안에 성큼 들어와 있는 불안은 물론이거니와 저만치서 도사리고 앉아 병든 염소의 방심을 노리는 맹금류 같은 그 서슬 퍼런 불안이나 붉은 석양이나 안개처럼 슬며시 내려앉는 불안들이 시나브로 내 영혼을 잠식하기 시작했다. 그렇다면 나는 불안의 볼모였을 터인데, 그게 다행인지 불행인지는 아직까지 말할 수 없다.

　이런 나의 사정 때문에 불안은 자연의 섭리처럼 내 문학의 주제가 되었다. 특히 시는, 주절거리거나 웅얼거리는 것도 마뜩하게 받아들이는 시는 불안을 어떤 형태로든지 드러내는 것을 허락해 주었다. 소설을 쓸 때는 불안을 어떤 구조 속에서 서사적 개연성을 가지고 말해야 했는데, 그러는 사이 불안의 원형이 훼손되는 걸 지켜봐야 해서 적잖게 불만스러웠다. 그것이 발목을 죄는 사슬처럼 나를 적잖이 괴롭혔다. 소설을 써도 해결되지 않는 게 있다는 자각은 공포스러운 것이기도 했다. 그런데 어느 날 시를 끄적이게 되면서 불안을 있는 그대로 마주보게 되었다. 시는 소설처럼 불안의 구조와 그 전말을 보고하지 않고, 이를테면 그대로 맛보는 식이었다. 그러니까 아예 삼켜 버리는 방식으로 말이다. '시는 불안을 삼킨다.' 이후 이것이 내가 아는 시의 제1칙령이 되었다.

여기에 발표하는 졸시들 역시 불안을 직간접적으로 드러내고 있다. 내가 만들어 낸 시적 자아들은 여름에 어딘가에 묻혀서 부패하는 시신들의 처지를 염려하고, 바이러스처럼 퍼지는 음험한 풍문을 직관적으로 촉지하기도 한다. 또 깊은 사련에 빠진 중년 사내를 어린아이와 함께 등장시켜서 그 불안의 깊이와 너비를 잔인할 정도로 극대화하기도 한다. 이 세상이 극장이라는 전제하에 스스로 삶을 마감하려는 자의 동선을 따라가면서 우주에 미만해 있는 불안을 보고하기도 한다. 이 정도라면 독자들은 나를 불안에 중독된 사람쯤으로 여길 수도 있으리라는 데 생각이 미친다. 그러나 중독증이라는 것이 그것에 지배된 주체의 의지를 질타할 수 있는 것이라면 불안은 주체의 의지와 상관없이 대기와 공중에 탄소화합물처럼 흩날리는 입자다. 피하고 싶다고 해서, 끊고 싶다고 해서 그럴 수 있는 게 아니라는 것이다. 사정이 이렇다면 불안과 화해하고 불안을 섬기는 것도 삶을 돌보는 한 방편이 될 수 있다. 그러니까 시적인 가능성 안에서 말이다.

또 한 가지. 불안은 나이를 먹는다고 엷어지거나 가벼워지는 게 아니라는 걸 나이를 먹고 나서야 알게 되었다. 오히려 불안은 나이를 먹으면 먹을수록 주름처럼, 혹은 홍반증처럼 몸에 새겨지고 스미는 것임을. 사실은 피부를 뚫고 영혼에까지 침투하는 게 분명하지만 말이다.

아무려나, 부끄러운 마음으로 여기 내 앙상한 불안의 초상을 담은 시를 독자 여러분께 선보인다. 바라는 건 다만 이 시편들이

독자 여러분에게 가만히 다가가 각자 자기의 내밀한 불안을 어루만지는 시간을 갖게 되는 것이다. 이를테면, 팔꿈치는 분명 만져지는 것이지만 한 번도 제대로 관찰된 적 없는 실재다. 불안도 어쩌면 그 팔꿈치와 같은 것이다. 시의 눈으로 바라봐야만 하는.

비 시
외 4편

김태용

김태용 | 2005년 《세계의 문학》 봄호로 소설 등단. 소설집 「풀밭 위의 돼지」 「포주 이야기」 「음악 이전의 책」 「확장 소설」, 장편소설 「숨김없이 남김없이」 「벌거숭이들」 「러브 노이즈」 출간. 2023년 《포지션》 여름호에 시를 발표하며 본명으로 시작 활동. 자끄 드뉘망이란 이명으로 시집 「뽈바지」 「자연사」 「겨울말」 출간. 현재 숭실대학교 문예창작전공 교수로 재직 중.

비 시

나는 아침에 깨어나 오라고 하고

밤에 가라고 하고 잠든다

나는 종종 다른 사람의 시를 읽고 울고 싶은 마음을 얻고 싶은데(싶은을 두 번 썼군 으음)

요즘엔 시를 읽지 않으니 울고 싶은 마음을 얻지 못한다

아니 몇 편의 시를 읽었다

하지만 나에게 어떤 감흥도 주지 않았다

내가 잘못 읽은 것인가

그럴 리 없다

그러니까 그건 나에게 시가 아니고

나는 시를 몇 편 읽은 적이 없고

울고 싶은 마음도 얻지 못한다

여름에는 비가 왔다

가을에는 비가 왔다

겨울에는 비가 왔다

봄에는 비가 왔다

김태용

시인들은 비가 올 때 시를 쓴다

나는 그런 시를 읽고 싶다

울고 싶은 마음은 좀 아껴 두자

나는 몇 편의 시를 더 읽어야 한다

시인들이 시에 날씨를 적어 두면 좋겠다

시인들의 우산에는 언제나 비가 샌다

이런 생각만으로도

시를 쓸 수 있으니

행복하다

나는 아침에 깨어나

오라고 하고

밤에 가라고 하고 잠든다

오랫동안 그랬다

앞으로도 그럴 것이다

자연

집을 떠나

오래 걸었고

많은 사람을 만났다

그들의 마른 얼굴

그들의 둥근 얼굴

그들의 그림자

흰 손

검은 손

노란 손

붉은 손

가벼운 신발들

그들과 잠시 함께 걸으며

이야기를 나누기도 했다

어떤 이야기인지가 중요할까

그건 책상에서만 가능하다

이야기가 끝나면

내 안에서 무언가 빠져나간 기분이 들어

잠시 눈을 감고 눈꺼풀에 닿는 것들을

바라보았다

여름바람이 불어왔다

그리고

밤이 오면 어김없이

잠들어야 했다

누운 책

멀리서

헤엄치고 있는 사람이 보낸

긴 뼈다귀 구름

날씨와 서명

그리고

우리를 괴롭히는 건 이미지가 아님

가짜 선언에

매혹된

가느다란 눈으로

코 밑에 로즈 오일 두 방울

잠든 손을 뒤집어

책꽂이의 핀을 하나 뽑자

누운 책이 보인다

저게 네가 찾던 걸까

너를 조롱하고 울게 하고

결국 떠나게 만든

누운 책

하지만 누운 책에도

네가 찾는 문장은 없었다

나의 손은 다시 잠들고

이미지를 빼앗긴 마음으로

천천히 전체를 노려보면

멀리서 계속

헤엄치는 사람

긴 뼈다귀 구름처럼

언젠가 이름만 둥둥 뜨게 될 사람

여름날저녁미친사랑의노래

누가 저런 제목의 시를 쓰나

내가 쓴다

오늘은 다이얼 전화를 생각했다

그땐 수화기를 귀에 대야만

잠들 수 있었다

깨도 깨도 계속 잠이었다

잠의 밀밭에 누워

밤이 오리라는 희망도 없이

미끄럽고 간지러웠다

여름날 저녁

전화선을 타고 흐르는

미친 사랑의 노래가 끝나면

멀리멀리 갔다

우체국에서

우표를 뜯는 손을 본다

너무 멀리 갔다

허기를 달래는

자연의 코웃음 소리

내가 듣는다

밤과 다른 희망으로

너와 나는 더 홀로 있어야 한다

돌아와

책상 위의 책이 썩고 있다

새벽이슬에 젖은

들판에 누워

모리스 블랑쇼의 문장을 기억해 낸다

어떤 책이었는지는 잊었다

계속 생각했다

잊었다

오늘 하루는

내가 잊어버린 책과

내가 기억하는 문장을 생각할 것이다

끝내 나는 기억하지 못할 것이다

기록과 망각의 기쁨

오후에는 시장에서 파와 빨간고기를 샀고

친구들에게 전화를 걸어

책상 위의 책이 썩고 있다고 말했다

아무도 웃지 않고

내가 어디 있냐고만 물었다

나의 집 앞에 쌓인 우편물들이 춤을 추고 있다고

친구는 끝내 울음을 터뜨렸다

그녀는 많이 아프다

아무것도 잊을 수 없다고 했다

나는 공중전화 선을 몇 번이고 꼬았다가 풀었다

목을 감을 수는 없지

아직이다

수화기를 내려놓자

동전이 쏟아졌다

지나가는 키다리 노인이 잭팟이라고 했다

나는 그를 윌리엄 버로우즈라고 생각하며 걸었다

나는 기다리는 자연을 지나쳐 계속 걸었다

그러니까 걸었다?

| 시작 노트 |

얼굴이 있다. 사라지지 않는 얼굴이 있다. 물리칠 수 없는 얼굴이 있다. 가까이에서 만질 수 없는 얼굴이 있다. 멀리서, 더 멀어져야만 바라볼 수 있는 얼굴이 있다. 그 얼굴이 기억날 때마다 그 시를 떠올린 것은 아니다. 그 시는 차갑고, 단단하고, 달고, 깊고, 사라지고, 말하고, 들리고, 돌아가고, 물러서고, 셀 수 없고, 축축하고, 흘러내리고, 흔들린다. 그 시를 읽지 않고 보고 있는 나의 눈과 마음도 그렇다. 그 시가 언제 나에게 도착했는지 기억이 나지 않는다. 아마 나보다 먼저 알 수 없는 기분에 묶여 있던 너에게 도착했을 것이다. 그 시의 멱살을 잡고, 다리를 걸어 자빠뜨리고 싶었던 적도 있었다. 왜 그래야 했는가. 왜 그러면 안 되는가. 기억하고 싶지 않다. 기억을 하고 싶지 않을 때마다 기억을 갈아엎을 만한 또 다른 기억이 새록새록 난다. 발바닥에 풀이 돋는 것처럼 그렇다. 여름이었고 나는 너와 함께 있었다. 이 문장은 이렇게 고칠 수 있다. 여름의 절정이었고, 나는 너와 함

께 있었을 것이다. 너는 코를 찡긋거리며 말했지. 기분을 믿지 않는다고, 그것 말고도 우리가 믿지 말아야 할 것은 너무나 많다고. 순순한 동기로 나는 한낮의 몽상에 타버린 너의 피부를 손톱으로 벗겨 냈고, 밴드 겨울공원의 타이틀곡인 〈겨울공원음악〉을 반복해서 들었다. 더 좋은 음악은 없을까, 하면서 계속 들었다. 더 좋은 음악이란 무엇일까. 왜 그 시를 보면 더 좋은 음악이 보일까. 정확하다. 들리는 것이 아니라 보이는 것이다. 그것을 설명할 수 있을까. 이해시킬 수 있을까. 너는 지금 없고, 너 때문이 아니라 여름도 끝났다. 얼굴이 다가온다. 멀리서, 더 멀리서 다가온다. 그렇게 믿는다. 다 지난 일에 불과한가. 그 시처럼 말해 볼 수도 있을 것이다. 차갑고 단단한 시간이었다고. 거짓말같이 모든 것이 흐릿하다. 흔들린다. 시인이 비유를 쓸 때는 조심해야 한다. 그 덫에 걸려 들어가면 모든 게 끝장이다. 담배 연기로 머리를 감고 술에 혀를 절여도 소용없다. 나는 네 앞에서 속옷 차

림으로 그 시를 베껴 쓰고 읽었다. 너는 가, 라고 말했고, 나는 오, 라고 들었다. 그 시에서처럼 모든 것이 만사형통은 아니었다. 소설만 쓰지 않으면 모든 게 좋아질 거야, 라고 내가 말했던가. 너는 들었던가. 불을 꺼도 방 안이 환했다. 양말을 나눠 신고 잠이 든 밤이면 방이 줄어드는 것만 같았다. 꿈에 대해서라면 서로에게 말하지 않았다. 소금에 절여진 양배추 같은 머리통을 흔들며 김빠진 맥주를 마시고 거울에 쌓인 먼지를 닦았다. 너는 뒤를 보인 채 칼질을 하고 있었는데, 더 이상의 음악은 없다고 이상한 각도로 저항을 하는 듯 보였다. 너를 들어 올려 전등을 갈고 밖으로 나왔다. 보리밭이 펼쳐져 있었다고 하면 거짓말일 테지만, 보리밭 한가운데로 들어가 독일 가곡을 불렀다. 우리가 배운 것은 모두 다 번안된 독일 가곡 같은 거야. 건반을 누르듯 뒤늦게 나타난 네가 코를 찡긋거리며 말했다. 구름이 지나갔고, 저항은 끝났고, 너보다 더 늦게 나타난 사람, 그는 자신이 시를 쓴 사람이라고 했는데, 사실 그 시는 얼굴에 대한 썩 하찮은 시라고 말했다. 나는 그의 멱살을 잡고 다리를 걸어 자빠뜨렸다. 그는 웃었고 너는 오래된 농담을 저주하듯 속옷을 벗고 그의 얼굴에 오줌을 쌌다. 그의 얼굴은 축축했지만 여전히 웃음이 흘러내리고 있었다. 마치 얼굴이 없는 것처럼. 없는 것처럼. 없는 것처럼. 어째서 그는 웃고 있었을까. 그 여름이 도래하면 우리는 보리밭에서 독일 가곡 같은 그의 웃음소리를 들으며, 오래지 않아 손을 잡고 죽어가게 될 우리의 얼굴을 떠올리고 있을 것이다. 그건 모두가 아는 진실과 무관한 시적 기분일 것이다.

무기여 잘 가거라
외 4편

문형렬

문형렬 | 경북 고령에서 태어나 〈조선일보〉 신춘문예에 소설과 시, 〈매일신문〉 신춘문예에 소설과 동화 등이 각각 당선되어 문단에 나왔다. 2012년 현진건문학상을 받았다. 장편소설로 『바다로 가는 자전거』, 『눈먼 사랑』, 『연적』, 『어느 이등병의 편지』 외, 시집으로 『꿈에 보는 폭설』, 『해가 지면 울고 싶다』, 『너의 이름만으로 행복했었다』 외 다수가 있다. 장편소설 『바다로 가는 자전거』 영어번역판 『Bicycling Over the Ocean』(번역 John H. Cha)이 영어 오디오북으로 제작, 아마존 등 영어권 오디오북 사이트에 올라 있다.

무기여 잘 가거라

부처도 한때는

평범한 사람이었다

이제, 슬픔을 닦아 부서진 뼈 조각을 맞추고

등짐을 바로 하자

바람도 스스로 무거울 때가 있으니

모든 살아 있는 것들에

그리움을 쓰지 말자

<u>우우우우루루루루</u>

아아아아라라라라

사람이 흙으로 돌아가면

서러움도 흙이 되고

사랑도 흙이 되나?

흰눈이 내려서 세상을 덮고

고려영산홍 봄꽃은 흙에서 빠져나오니

강물은 또 꽃그늘로 일렁인다

무기여 굿바이, 무기여 잘 가거라

꽃잎이 전하는 말씀을 알아듣지 못하네

무기여 잘 가거라

무기여 잘 가거라

경주분황사모전석탑

분황사,

나는 눈먼 탑이네

해 지고

어둠이 걸어오는데

꽃 피어서

눈보라 지는데

무너지고

무너져도

허공을

받들고 있네

쇠별꽃 앞에서

어느 우주에서 왔는지 온 길을 잊고

어느 별로 가고 싶은지 갈 길도 잃어서

너는 벌판에서 아주 작은 별 모양으로

기다림만 하얗게 새겨서 핀다

땅에 내려와서

수억 광년 너머 무정한 고향을

열 손가락마다 품었다가

가슴에 얼굴을 파묻는 그림자 별들아

태양보다 변덕스러운 날짜는 없다,

어디로 가는 그곳이 그 어딘지 몰라도

뜨거운 날이 다 가도

소보다 더 슬펐던 그리움은

멀리 있다고 흐려지지 않아서

아주 멀리 있다고 지워지지 않아서

계절도 없이 오고 가는 불멸은

네 앞에서 결코 말할 수 없는 것,

겨우 안녕, 땅에서 안녕

저 모든 별에서 새로 만나자고

덧없는 가슴마다 벌판을 안고서

쇠별꽃, 무더기로 핀다

아주 키 작은 나무

시베리아 횡단열차가 서는

외딴 역

저물녘에

나는 그림자로 길게 서서

철로 건너

벌판을 달려서

세찬 바람이 찾아오면

제 몸을 뿌리에 부딪치는

아주 키가 작은 나무로 서서

외딴 역을 떠나는

열차를 바라보며

기적 소리 따라 눈보라가 쌓이는

먼 마을에

따스한 불빛만으로도

나는 홀로 용기를 품을 거야

12월에 쓰는 편지

김성춘 선생님께

春 선생님, 인천국제공항으로 가는 역 근처 커피점에 앉아 선생님의 시집 『길 위의 피아노』를 읽었습니다. 길에서 유리창 안으로 누군가 나를 물끄러미 보고 있었습니다. 선생님 시집을 읽고 있는 내 모습이 어디서 본 듯하다는 얼굴로.

나는 창밖 그 얼굴을 마주 보고는 의자에 더 앉아 있지 못했습니다. 시집을 탁자에 두고 피아노 뚜껑을 덮어 두듯 밖으로 나왔습니다.

유리창 안을 들여다보던 길가 그 자리에 서서 커피점 안에 앉았던 의자와 탁자에 놓인, 경주 분황사에서 건네주신 선생님의 열네 번째 시집을 나는 정물화처럼 들여다보았습니다.

우리의 슬픔이 닿지 않는 곳
하늘의 빈터에서 눈이 내린다*

선생님의 노래가 수많은 계절을 뒹굴고 스쳐서 지금 저 '속수무책의 슬픔'으로 찾아와 유리창 안으로 내 얼굴을 들여다보고 있음을 몇 번이나 길 밖으로 나와서야 알았습니다.

나는 그 앞에 마주 서서
또 그 자리에 서서
배웅하려는지 마중하려는지 아직 몰라서
길 가에 가만히 서 있기만 했습니다.

---

* 김성춘 시 「바하를 들으며」에서 인용.

검은 겨울 나무에도 봄이 오듯, 그래서 겨울 나무는 얼어 터질지도 모르는 수액을 품듯, 나는 오직 모국어를 품고 길 위의 저 드넓고 깊은 피아노 화음을 여행가방에 대평원처럼 펼쳐넣고, 눈 쏟아지는 북쪽을 떠나는 새처럼 아주 멀어서 따스한 곳으로 길을 나서고 맙니다.

배웅도 마중도 없이
나란히 속절없이
저 속수무책으로,
春 선생님……

눈은 내리어 죽은 가지마다
촛불을 달고*

---

* 김성춘 시 「바하를 들으며」에서 인용.

슬픔은 길 위에서

폐 속에서 폐 밖에서

모국어로 쏟아집니다.

                              無記 올림

| 시작 노트: 두 발로 걷는 쌍봉낙타 |

   어떤 날에는 시베리아 횡단열차가 외딴 역에 선다. 역 지나 작은 마을에는 기관사의 집이 있다. 그가 씻고, 옷을 갈아입고, 가족들의 등을 두드리고 열차로 돌아올 때까지 나는 역사 앞에 서서 기다린다. 마을 사람들은 감자와 만두, 흑빵, 소금에 절인 돼지고기, 딸기 잼, 해바라기 씨, 팔도 도시락 라면, 뜨거운 차를 들고 객실을 다니며 판다. 저물녘, 내 그림자는 역사 지나서 벌판으로 달려간다. 서쪽으로 가는 저 열차를 결코 타지 않으려는 듯.

   스물일곱 살에 멋모르고 소설가가 되었다. 나는 자주 나 자신이 쌍봉낙타처럼 여겨졌다. 사막에 길이 나면서 쓸모가 없어 버려진 야생 쌍봉낙타처럼, 소설이라는 혹과 시라는 혹을 지고 나는 문장 앞에 선 막막함을 지나가고 싶어서 시와 소설로 등단한 그해부터 혼자 그림을 그렸다.

   긴긴 시절 사이로 언어로 다할 수 없는 이야기들은 속에서 터져 내렸고…… 나는 지는 꽃잎을 두 손에 받쳐들듯 이야기를 들고 검붉게 서 있다. 내게는 소설이든 시든 그림이든 다 몸 속에서 옹송그리며 나란히 어깨를 기대고 있다. 바람이 불고 시간이 스쳐가면 내가 기록하는 이야기는 흔적조차 없지만 공중의 궤적은 어디서나 잘 보인다. 황량한 벌판을 달려가는 그림자처럼 어떤 성취도 없고, 잊히고, 돌아오지 않는다 해도.

  땅에서 품는 절망은 길을 떠남으로써 잘 보인다. 공중에 파묻었던 그리움은 내내 선정禪定에 들지 못하고 등 구부린 채 서 있다. 볼 수 없고 만질 수 없으니 전생에 아무것도 없고, 다음 생에도 아무것이 없다, 모든 작별은 화려한 그림자이고, 나는 벌판에 서 있는 눈먼 그림자이다.

  여기, 이 덧없는 순간이 불멸을 구성한다고 노래하면 무거운 그리움은 중력보다 더 세차게 시간과 공간을 휘어지게 하고 어느 날, 푸른 날짜로 찾아올까?

흩날리는 아주 오래된 내일부터……

아주 먼 오늘까지.

어머니
외 3편

서하진

서하진 | 1960년 경북 영천 출생. 《현대문학》으로 등단. 『책 읽어 주는 남자』『라벤더 향기』『비밀』『요트』『착한 가족』『나나』『사랑하는 방식은 다 다르다』『다시 사랑한다 말할까』 등 창작집과 장편을 펴냄. 경희대학교에서 수학. 경희대학교 국어국문학과 교수로 재직 중이며 곧 퇴임 예정.

어머니

이만하면 잘살았다. 남한테 아쉬운 소리 안 하고
아흔셋의 어머니는 바람하고도 얘기하신다.
먼 곳으로 떠날 사람처럼
허공을 보며 이야기 속에서 사람들을 만나신다.
그 할매도 올봄에 갔다.
죽은 이들이 다녀가는 어머니의 이야기는 고요하고 고요하다.
어머니는 바람하고도 이야기하신다.
꽃잎 하나 스쳐 가도
누가 왔나, 물으신다.
푸른 힘줄이 불거진 손,
젊은 날의 기억을 더듬듯
어머니는 얇디얇은 거죽에 감싸인 굽은 손가락을
조물조물 쓸어내린다.
저리세요?
어머니의 손을 조근조근 주물러 본다.

아프다, 야야, 아프다, 하면서도

어머니는 손을 빼지 않으신다.

슬픔이,

꼭 눈물만으로 나오는 건 아니다.

세 자매

벼가 눕고

빛이 번진다.

아, 멋지다. 막내가 말한다.

보기 좋아 뭘 해, 어차피 똥 될 거야.

팔짱을 끼고 휘적휘적 걷는 둘째의 뒤로

햇살이 숨을 고른다.

똥 되면 다행이지. 그거 쉽지 않아.

변비에 시달리는 큰언니는 소리 내지 않고 웃는다.

수확과 체념과 위로가

가만히 내려앉는 한낮의 벌판.

김밥 마는 오후

김밥 한 줄을 말고
전화를 건다.
언제 와?
딸은 속삭인다. 오늘 마감이야.
삭힌 고추를 다져 넣고 또 한 줄을 만다.
참기름 냄새,
녹색 눈을 빛내며 야옹이가 다가선다.
김치를 넣고 한 줄
청양고추를 양껏 넣은 또 한 줄.
가지런한 김밥을 담은 사진을 톡방에 올리고
굳기 전에 와…….
말풍선 옆의 숫자가 줄어들기를 기다린다.
밥알이 붙은 손끝을 헹구다
아 참, 잊을 뻔했네, 참깨를 가득 뿌리고…….

찜질방에서

여자가 나를 빤히 쳐다본다.

슬쩍 시선을 주는, 그런 눈이 아니다.

오 초쯤 지나 내가 묻는다. 왜 그러세요?

아는 분 같아서요.

황색 수건을 쓴, 온통 땀으로 벌게진 얼굴.

나와 똑같은 옷을 입은, 중년의 여인.

전혀, 기억에 없는 얼굴이나

어쩌면 초등학교 동창일 수도

어쩌면 오래전 어느 크리스마스, 캐럴을 연습하던 유치원 학부형일 수도.

명일동 사셨죠? 그 삼익아파트.

애매함과 확신 사이, 여자가 묻는다.

막 떨어지는 땀을 닦는 여자의 손끝에 반짝이는 비즈.

아닌데요,

맞는데, 508혼데…….

기어이 아파트 호수까지 떠올린 여자를 스쳐 소금방으

로 간다.

기억은 신기하고 집요하다.

서향의 창에 들던 뜨거운 햇살, 녹슨 세발자전거.

장대비 쏟아지던 날, 나란히 복도에 서 있었던 여자.

저것 좀 봐, 세상에 저 나무에 벼락이, 벼락이…….

다른 생의 일처럼 희미하고도 생생한 순간들을 황색 수건으로 덮는다.

어쩌면 나는 너무 오래 살았는지도 모른다.

| 시작 노트 |

오래전 초등학교 삼 학년이었던 때 시로 무슨 백일장에서 수상한 기억이 있다. 제목은 '가을'이었다. 하늘은 높고 구름은 한가하고 낙엽은 떨어지고…… 나는 천천히 그 길을 걷는다, 아무 생각 없이. 그런 이야기였다. 고작 열 살의 아이가 그려낸 처연한 풍경이 지금도 선연히 떠오른다. 수십 년이 지났건만 여태도 내 안에는 자라지 않은 아이가 있다. 밤마다 꿈을 어지럽히는.

별리
외 4편

은미희

은미희 | 1999년 〈문화일보〉 신춘문예 단편소설 「다시 나는 새」 당선. 삼성 문학상 수상. 광주대학교 인문사회대학 문예창작학과 및 같은 학교 대학원 문예창작학과 졸업. 동신대 한국어교원학과 박사과정 수학. 소설집 『만두 빚는 여자』, 장편소설 『소수의 사랑』, 『바람의 노래』, 『18세, 첫경험』, 『바람남자 나무여자』, 『나비야 나비야』, 『흑치마 사다코』 등 출간. 전 동신대 강사.

별리

난분분 휘날리는 꽃잎들로
하늘이 흩어진다, 점점이

존재하는 건 모두 헛것이지 않든가
있다가 문득 사라지는
지수화풍, 본래의 자리로 돌아가고
존재의 기억마저 사라진 자리에 남는 적멸

한 생의 연에 또 하나의 고를 더했다
다음 생에 우리는 또 어떤 모습으로 만날까

한동안 앓았더니
오랜 울음을 운 뒤끝처럼 후련하다
긴 투레질로 남은 슬픔을 토해 낸다
울음이 빠져나간 몸이 가볍다

가만히,

건너간다

또 하나의 헛것으로 다시 떠돈다

저만치에서 그가 하나의 꽃잎으로 떠나간다

꽃잎처럼 가벼운 인연

내가 그의 꽃잎이기는 하였을까

한 시절 우리는 어떤 인연이었을까

폭염주의보

저 빛

빛의 입자들

쇳소리가 들린다

세상이 비현실로 보인다

저 빛이,

나무의 색을 지우고

시간을 지우고

소음들을 지우고

생의 궤적들을 지우고

기억의 모서리를 지우고

세상의 모든 물리마저 지우려 한다

저대로 말라가도 좋겠다

뭐든 장하면 아름답지

저 빛

내 안에 파고들면 좋겠다

뇌수를 말리고

나를 말리고

내 안의 호흡까지 말렸으면 좋겠다

나를 지탱하던 장기들과

나를 어지럽히는 오욕칠정과

내 숨마저 저 빛에 바짝 마르면 좋겠다

생명의 습기도 사라지고

내일의 꿈도 사라지고

존재의 무게도 사라지고

그러다 어느 순간 작은 흔들림에 맥없이 가루로 흩어져 날렸으면 좋겠다

그렇게 사라지면 좋겠다

머미 브라운

미라를 가루 내어 만든 물감

그 색마저

그 흔적마저

남기지 않고 말끔히 부서져 저 빛 속에 또 다른 입자로 떠돌고 싶다

그러다 가만히 누군가에게 스며들어 그의 일부로 살아가도 좋겠다

그의 심장으로

그의 눈으로

그의 피톨로

그의 근육으로

온전히 그로

그 안에서 다시 한 생을 보듬는 따듯한 온기로 태어나고 싶다

이상 기온

그날 해가 진 것은 어제보다 한 시간이나 빨랐다.

생을 간질이는 목마름이 목의 깊숙한 쪽에서 또 다른 통증으로 살아났다

어떤 신호도 없었다

둘이서 하나를 이룬다는 것은

삶의 단애 끝에서 추는 격렬한 탱고처럼 아찔했다

그가 천천히 내게로 걸어오던 날

단단하던 마음이 위태롭게 흔들렸다

내가 방하착으로 내려놓았던 사랑이라는 두레박을 꺼냈던 날이었다

그해 여름은 가물었고, 내 우물은 엉그름진 상처투성이 동굴이었다

뜨거운 열기에 쫓기듯 우물 바닥을 파내었다, 내가 파였다

오랜 목마름은 내 몸 곳곳에 균열을 일으키며 지독한 혈기를 잉태했다

　그와 가까워질수록 계절은 뜨거웠고 나는 조금씩 귀퉁이부터 녹아내렸다
　그 여름의 열기는 이상 기온이었다

　그를 들이는 일은 나를 지우는 일
　나를 내주고 너만 남은 시간

　나의 우물은 그날, 달콤했을까

사하라

당신은 사하라 사막에서 알라딘 램프를 만지듯 상처투성이인 나를 심네요
 깊이 심을수록 뿌리가 치받는 백치의 모래 속

 멀리서 온 바람은 알까요
 물이 없는 바닥에 닿은 눈물의 농도를
 그 순결한 목숨을
 처음 움켜쥔 것은 허공이었고
 사랑이 목마름이라는 것을
 저리 뜨거워진 뒤에야 알았다는 것을

 그리하여 심장까지 타들어 가도록
 온몸이 옥죄어 가도록
 저를 더 깊이 묻는다는데

 나는 맨몸으로 거친 돌풍을 막아 내는 사하라의 바람

막이
   그리 움켜쥔 울음이 램프의 어느 지점에 가 닿을까요
   내가 몸부림칠수록 사막의 모래들은 더는 날아가지 않을까요

   어린 목숨이 물기에 닿을 때까지
   숨이 가득 차오른 사구를 넘을 때까지
   당신은 따뜻한 눈빛 내어 준 적 있나요

   울고 싶을 때 사하라에 사류나무를 심어요
   거기서 눈물 다 쏟고 오면 다시 시작할 수 있을지도 몰라요

   사막, 그 어디엔가 눈물 머금은 사류나무 한 그루
   뿌리 웅크린 채 생을 견뎌 내고 있을 거예요

은미희

슬픔을 모르는 시계

멈출 때까지 슬픔을 모르는 시계가 있을까요

하나가 사라지고, 다시 하나가 드는 세계

1초에 한 걸음을 걸으며 슬픔, 슬픔 새기는 시계가 있을까요

어느 봄볕 간지러운 날

환영처럼 화르륵, 흰 꽃으로 피어났다 검은빛으로 물크러지는

목련꽃 같은

우리의 생, 그 분분한 사연들

시계는 멈추기 전 가장 느린 소리를 낸다지요

하루를 한 생으로 사는 당신의 숨은 얼마나 깊을까요

그 순간에도 지는 눈물 하나 있고 피는 생 하나 있습니다

태엽을 감아 주면 그만큼의 먹이로 사는 꽃도 있습니다

당신의 웃음을 먹으며 하루를 사는 사람도 있네요

어떤 저녁은 절망으로 가는 초침이었고

어떤 저녁은 희망을 적는 분침인 적도 있습니다

슬픔을 모르는 회중시계를 가진 적이 있나요

허리춤에 매달린 당신을 무심코 들여다본 적이 있습니다

그 몇 시간을 사랑이라 부른 적 있었네요

슬픔을 모르고 산다면 우린 내일을 알 수 없겠지요

이 슬픔 속에 당신을 새깁니다

하나가 사라지고, 다시 하나가 드는 세계에

슬픔슬픔, 끝나지 않을 세계에

오늘도 깊은 숨을 내쉬는 당신을 새깁니다

| 시작 노트 |

「별리」.

 살아 보니 시가 아닌 순간이 없었다. 이별 뒤의 극심한 통증도, 기쁨 뒤에 찾아오는 살 떨리는 쾌감도 모두 한 편의 시였다. 기쁨과는 달리 그 고통과 통증은 당장의 삶을 위태롭게 흔들어 대지만 그 또한 살아 있으니 지불해야 하는 통과세였다. 그 기억과 풍경들은 기억 어딘가에 침잠해 있다 어느 순간 불쑥 튀어나와 우리를 미소 짓게 만들거나 아릿한 통증을 안겨 주기도 할 것이다. 숨을 다할 때까지 그 통증과 기억들은 기억의 주체와 함께할 것이다. 그 사람의 일부로. 세상의 모든 이별은 아프지만 아름답다.

「폭염주의보」.

 여름은 여름다워야 한다지만 최근의 여름은 너무 덥다. 직선으로 내리꽂히는 햇빛에서 금속성의 비기가 느껴질 만큼 그악스

럽다. 마치 지상 위의 모든 것들을 지우려 드는 그 날카로운 빛에서 빅뱅을 떠올렸다. 한순간 눈을 멀게 만들고 사라지는 자폭, 자멸. 그 광휘, 빛. 그리고 다시 태어나는 별. 나 역시 그 빛에서 나를 지우고 다시 태어나고 싶다고 생각했다.

「이상 기온」.

갈수록 여름이 뜨거워진다. 하긴 뜨거워지는 것이 어디 여름뿐일까. 사람 사는 사회도 그렇고, 관계와 관계 역시 이상 기온이 존재한다. 너무 뜨겁거나 너무 차갑거나. 예고 없이 맞닥뜨리게 되는 관계의 이상 기온이 갈등과 혼란을 일으키지만 그래도 그 이상 기온을 만나고 싶다. 이상 기온. 무시로 찾아오는 것이 아니지 않던가. 그 열병 또한 삶의 증거다. 소중할 일이다.

「사하라」.

사막 한가운데서 난파선이 발견되었다. 나미비아 사막에서. 그 난파선은 모래사막에서 앙상한 뼈대를 드러내며 발견되었다. 그 모습이 마치 형해만 남은 포유류 같았다. 그 난파선은 한때 풍요를 꿈꾸며 넘실대는 파도를 헤치며 미래를 향해 나아갔을 것이다. 그러다 어쩌다 좌초됐을까. 수천 년이 지난 후에 불쑥 사막에서 그 모습을 드러낸 난파선의 꿈이 아득하다. 우리 또한, 우리의 은밀하고도 비밀한 사랑 또한 그렇게 어느 날 문득, 예기치 않게 세상에 드러낼지 모른다. 그 난파선을 닮은 모습으로. 그 난파선은 사막에서도 계속 항해를 꿈꾸었을 것이다. 나도 그 난파선을 닮고 싶다. 사막에 홀로 버티고 있는 사류나무처럼 홀로 그 여정을 계속해 가고 싶다.

「슬픔을 모르는 시계」.

다들 잠든 시각, 홀로 가는 초침 소리를 듣다 보면 마치 시계가 흐느끼는 것처럼 들린다. 틱톡, 틱톡 멈추지 못하는, 멈추면 자신을 잃고 마는 숙명. 우리도 그러지 않을까. 사랑이 삶을 지탱해 주는 버팀목이라면, 사랑은, 우리 삶에 그 시계 같은 것이 아닐까. 사랑이 없는 삶은 건조하고 끔찍하다.

미래의 노인들을 위하여
외 4편

이만교

이만교 | 《문예중앙》 신인상에 시가, 《문학동네》 소설 신인상에 단편소설이 당선되며 작가 활동을 시작했다. 『결혼은, 미친 짓이다』로 오늘의 작가상을 수상하였고, 『머꼬네 집에 놀러 올래?』 『나쁜 여자 착한 남자』 『아이들은 웃음을 참지 못한다』 『예순여섯 명의 한기씨』 등의 소설과 청소년 소설 『이야기의 이야기의 이야기』와 동시집 『꼬마뱀을 조심해』 등을 출간했다. 시민강좌 '글쓰기 공작소'를 진행하며 『나를 바꾸는 글쓰기 공작소』 『개구리를 위한 글쓰기 공작소』 『글쓰기 실전을 위한 글쓰기 공작소』 『글쓰기 대화법』 등을 출간했다.

미래의 노인들을 위하여

아무도 그 언덕의 사용법을 모른다.

판매처가 사라진 때문이다.

혼자 있고 싶을 때를 제외하면 사람들은 올라가 볼 생각조차 하지 않았다.

틈이 없기 때문이다.

매표소라도 설치되면 그때 가봐도 늦지 않을 거라고들 말한다.

돈 내고 줄 서서 들어가는 습관 때문이다.

구청에서 [언덕 공원]이라는 팻말을 세우자 그 앞에 서서 사진을 찍을 뿐이다.

웃을 핑계가 필요한 때문이다.

구름 그림자가 안으로 들어갈 때조차, 구름 그림자니까 안으로 들어가나 보다 한다.

서로 들여다보지 않는 게 예의라고 생각한 때문이다.

꽃이 피고 새가 울 때는 꽃이 피고 새가 우는 행사 기간인 줄 안다.

요란하기 때문이다.

사람들은 언덕 밑을 경유하는 차창 너머로만 구경한다.

일을 나가야 하기 때문이다.

기업이 위탁 경영을 한다는 발표에 오히려 잘됐다고들 한다. 좋아질 거라고.

문제아들이 꼬이기 때문이다.

언덕 높이의 에스컬레이터가 세워졌고, 언덕 공원에 세워진 동양 최대의 높이라고 한다.

그래야 감탄하기 때문이다.

최근 정부가 한 일 중에 가장 잘한 일이라고 한다.

외지인들이 투자했기 때문이다.

숙박업소와 주유소와 카페가 들어서자 반겼다.

일자리가 생기는 때문이다.

외국인들조차 걸어 올라가도 좋을 언덕을 유료 에스컬레이터를 타고 오른다.

여기서밖에 경험하지 못하기 때문이다.

주민들은 걸어가도 좋을 언덕을 타고 가는 외국인들을 보며 웃는다.

흐뭇하기 때문이다.

피부에 닿는 그 언덕의 바람은 어딘가 특별하다.

땀이 나지 않기 때문이다.

할머니들은 바닥에 앉아 비닐봉지를 판다.

언덕의 바람을 넣어 가고 싶어 하는 사람이 있을까 해서다.

사람들은 할머니들 앞에 몰려 서 있다.

사가는 이가 있을까 싶어서다.

누군가 비닐봉지를 비싼 가격에 산다.

지켜보기 때문이다.

그 비닐봉지는 구청 마크가 찍힌 친환경이다.

그것만 판매 가능한 때문이다.

그건 참 잘한 일이라고들 수군거린다.

미래가 달렸기 때문이다.

폐가

고향엔 폐가가

있다.

거기엔 귀신이 산다.

귀신이 들려 폐가가 되었다고 인근 주민들은 말한다.

식구들이 다 죽어 나갔다고.

귀신이 들려 폐가가 된 것이 아니라, 폐가가 되어 귀신이 든 것이라고

전주댁만 입바른 소리를 한다.

동네 사람들은 일제히 귀신 같은 건 없다고 비웃는다.

옆동네 불량 청소년들이라고.

불량이든 우량이든 요즘 시골에, 전주댁만 궁시렁댄다.

애들이 어딨냐고.

그집 아들이 잔업하다 죽었다고.

나머지는 전주댁도 모른다.

고향엔 폐가가

있다.

밤마다 거기서 우는 소리가

들린다.

천사의 그네

우리 동네 공원에는 앉아 있으면 아무도 보지 못하는 그네가 있다.

거울이 없어 그 그네에 앉은 사람조차 이런 사실을 알아채지 못한다.

눈에 전혀 보이지 않기 때문에 행인들은 보지 못한 채 지나치고,

다들 자기 생각에 빠져 자신을 보지 못하고 지나간다고 생각한다.

그게 그네의 힘인 줄도 모른 채, 밀회를 나눈 연인이 없지 않았다.

어떤 아기의 탄생의 근원이 거기 있었고, 살인의 원인도 거기 있었다.

아무런 방해도 받지 않는 까닭에 오랜 생각에 빠진 사람도 없지 않았다.

그러려고 앉은 건 아니지만 너무 오래 생각한 끝에 자

살을 결심한 사람도.

  몰래 연애하던 중3 학원커플이 숨을 장소를 찾다 이 그네를 알게 되었다.
  앉으면 나무 그늘과 건물 그림자, 가로등 역광이 몸을 겹쳐 가려 주었다.
  그곳이라면 아이를 낳을 수도, 시간을 멈추게 할 수도 있다는 걸 알았다.
  사랑은 어떡해서든 이런 공간을 모든 이에게 선물하고 있다는 사실도.

  동시에 옥상에서 담배를 피우다 이 사실을 우연히 목격한 청년이 있었다.
  취준생인 그는 오지 않는 소식에 발이 묶여 건물 밖으로 나가지 못했다.
  중3 커플이 눈앞에 나타났다 사라지고 사라졌다 나타

나는데도,

 앞을 모르는 그는 어제와 같은 방향으로 사라지는 자기 연기만 주시했다.

 취준생의 일상은 비일비재한 현상이기에 전혀 이상하게 여기지 않았다.
 담배나 피우러 왔을 뿐, 그 역시 무관한 일로 놀라고 싶지 않았다.
 사람들은 놀라야 할 일도 사람들이 놀라지 않으면 더는 놀라지 않는다.
 이때 자신은 결코 의도하지 않았지만, 뒷짐 진 건물주 노인이 등장한다.

 담배 냄새를 너무 싫어하는 건물주 노인은 담배 냄새를 제일 잘 맡는다.
 그의 후각은 정보기관이나 벌률조항보다 꼼꼼하게 이

웃을 감시한다.

청년은 그의 간섭을 경계해야 하기 때문에 발자국 소리를 제일 잘 듣는다.

검문검색은 없어졌지만, 이젠 모든 사람들이 검문검색에 능숙해져 버렸다.

그러나 자신이 담배 냄새를 얼마나 잘 맡는지 보여 주려고 틈만 나면 코를
벌름거리는 노인의 행동은 우습고 고소한 상벌 같은 면이 없지 않다.

그런 노인의 시선을 피해 꽁초를 버리는 일은 청년이 포기 못 한 일탈이다.

그러다 세상에서 제일 행복한 얼굴로 웃는 중3 커플을 발견한 거다.

청년은 자신이 발견한 친구의 결점을 그에게 말할까 말

까 망설이곤 했다.

다들 진짜 단점을 지적하기보다 거짓으로라도 장점을 말해 주길 원하니까.

귀엽단 생각과, 부럽단 생각과, 바로잡아 줘야겠단 생각이 동시에 들었다.

청년은 아직 모르지만, 이 순간이 그의 삶에서 매우 결정적인 순간이다.

지금은 전혀 그렇게 보이지 않지만 이삼 년 뒤에는 뚜렷이 보일 터였다.

지금 그가 어떻게 행동하느냐에 따라 그의 삶의 행불행이 갈라졌다는 걸.

다 끝난 과거의 일이, 어째서 오지 않은 미래에 보이는 걸까 싶겠지만.

냉혹한 생은 먼 미래에 가서야 자신이 무슨 짓을 저지른 건지 알려준다.

청년은 다만 신기하고 궁금하고 재밌어서 그네로 다가가 볼 거다.

중3 커플은 자신들 행각이 그의 눈에 다 보인다는 사실에 당황할 거다.

청년은 그들의 당황하는 기색을 보며 그들의 약점을 잡은 사실을 알고,

커플은 소리 지르면 자신들의 연애 일체가 발각될 거라는 사실을 알았다.

놀려도 조롱해도 훈계해도 되는 권력이 자기 손에 쥐어진 걸 알아챘고

놀려도 조롱해도 훈계해도 비위를 맞춰야 한다는 사실을 알아챘다.

이때 언제 등장할지 모르는 건물주 노인은 또 하나의 변수가 될 것이다.

자신의 외출이 어떤 결과를 낳을지 모르면서 집을 나서고 있기 때문이다.

청년은 마치 자신의 선택에 달린 것처럼 요놈들을 어떻게 할까 고민했다.
취업 중압감에 의해 누적된 스트레스가 결정하게 될 일인 줄 모른 채.
청년은 느긋하게 담배를 하나 꺼내 입에 문다. 본래는 한 개비만 피우지만,
더구나 공원은 금연구역이지만, 쥐어진 권력을 확인해 보고 싶은 것이다.

여자애는 경악하는 얼굴이다. 자기 표정이 어떤 영향을 끼칠지 모른 채.
그 핸드폰이 어떤 흉기로 변할지 모른 채 남학생은 핸드폰을 꽉 쥐었다.

누군가의 부모는 이게 다 악마의 장난질 아닐까 하는 의혹이 들겠지만,

여자애와 여자애 부모는, 그나마 천사가 지켜준 일로 여길지 모른다.

이제 누군가는 울고, 누군가는 죽고, 누군가는 새로 시작해야 할 것이다.

권력을 손에 쥐면 쥐어진 만큼 함부로 사용하는 모습을 보며 자랐으니까.

그러는 사이 빌라 5층의 건물주 노인은 빌라 2층까지 내려오고 있었다.

이제는 그가 계단에 떨어진 꽁초를 발견하는가 못 하는가에만 달려 있다.

물고기가 들어 있는 겨울 방학

1

만취한 아버지는
붕어빵을 팔지 않는 골목을 지나는 바람에
금붕어가 든 투명 비닐봉지를
들고 오셨다.

"아니, 말도 않고 데려오면 어떡해요?"
엄마가 나무랐지만,
"얘들은 아무것도 필요없대, 지들이 다 알아서 산대!"
아버지가 우겼다.

어항도 없고, 산소 공급기도 없는
반지하 집에 금붕어가 둥둥 떠다니기 시작한 건 그다음 날부터다
"금붕어 그림자를 밟지 말거라!" 엄마는

내 발등을 때리며

외쳤다.

2

"저기 있다"

세 마리의 금붕어는

두 마리가 똑같이 생겨서 두 마리 같기도 하고

안방을 헤엄치던 녀석들이 어느새

건넌방으로 건너와

여섯 마리 같기도 했다

"온다!"

아침마다

눈높이로 떠다녔는데,

그때부터 우리는 물 속을 걷는 것처럼 조심조심 걸었다.

금붕어 지느러미를 따라 일렁이는

물결의 밀도가

느껴졌다.

3

"신기해!"

금붕어 그림자는

바닥의 모든 굴곡을 하나하나 손뼘으로 재듯이

기어다녔는데, 물고기보다 더

아름다운 질량을 갖고

있었다.

"만지지 마!"

손바닥을 갖다 대면
거의 느껴지지 않는 무게로 손바닥 굴곡을
하나하나 쓰다듬듯 지나가는
금붕어 그림자

제 그림자가 바닥 굴곡을 따라
변하는 모양이 재미있어 제자리에 가만히 있지 않고
금붕어는 자꾸만 몸을 흔들어 유영한다는 걸
알 수 있었다.

"비켜!"

동생과 나는

한쪽 벽에 몸을 붙이고

다만 금붕어가 이동하는 방향을 따라

금붕어 그림자가 이동하는 걸

그려 놓느라

크레파스 한 통을 다

썼다.

4

"와!"

스케치북이

금붕어 그림들로 가득해지자

나는 방학 숙제로 제출했고 아이들이 몰려들었다.

"정말로 살아 있는 것 같다!"

선생님도 칭찬했다.

"겨울 방학을 아주 잘 보냈구나!"

선생님은

꽝꽝 언 얼음 액자에 담아

교실 복도 벽면에

걸어 두셨다.

노래

노래가 내게로

왔다. 새가 공중을 날아서 오듯.

모르는 가수였다.

내가 아는 사람은 이 세상에는 하나도 없다.

33년을 살았지만

아내는 내가 자신을 전혀 이해 못 한다는

표정이니까.

그 노래는 내 입에서 아무 때나

흘러나왔다.

누가 부르는 걸까.

검색을 해보니, 그 가수는 몇 년 전에

죽었다.

노래 속에 숨결이 다 살아
있던데

노래를 부를 때 나는 그녀 음색을
흉내 낸다.

그러면 이 가수를 잘 아는 사람과 연애하고
싶은 마음이 든다.

노래는
이런 식으로 번식하는 것 같다.

한 여자가 내가 모르는 노래를 흥얼거리며
지나간다.

| 시작 노트 |

    나는 늘 뒤죽박죽이다. 시도 읽고, 동화도 읽고, 다큐도 보고, 영화도 보고, 소설도 드라마도 좋다. 시든, 소설이든, 동시든, 드라마든, 단 하나의 장르 글만 쓰는 사람을 보면, 매우 대단하다는 생각과 동시에 무척 이상하게 느껴진다.

    내게 장르적 글쓰기는 확연히 구분되는 경계이기보다 그때그때 선호하게 되는 기호에 불과하다. 특히 시는 내가 글을 써보겠다고 결심한 스무 살 이후, 가장 즐겨 읽는 장르다. 실제로 나는 시로 먼저 등단했다.

    요즘도 자고 일어나면 우선 시부터 여남은 편 읽는 것으로 하루 일과를 시작한다. 이런 습관 때문인지 종종 시를 쓴다. 내게 시란 매우 짧은 글 이상도 이하도 아니다. 시라는 장르가 선호하는 은유나 상징, 비약과 여운 또한 매우 짧은 분량 안에 하고 싶은 말을 모두 넣기 위한 장치다.

    모든 좋은 시는 아무리 짧아도, 그 자체로 고유해서, 그 무엇을 보탤 수도 뺄 수도 없다. 그 자체로 빛난다. 강한 집중과 여운이 들어 있다. 그러한 시 한 편 한 편을 만날 때 느끼는 행복은, 아주 잘 연주된 음반의 한 곡 한 곡을 듣는 것만큼이나 애틋하고 산뜻하고 갸륵하다.

 좋은 시를 만나게 되면 느끼게 되는, 그 시의 분량보다 훨씬 더 긴 여운을 나는 좋아한다. 좋은 시는, 그 시를 읽은 시간보다 몇 곱절 많은 여백을 품고 있다. 시를 읽는 데는 일이 분 걸리지만, 몇 시간을 연상하고 상상하며 음미할 수 있다.

 사용한 언어보다 더 많은 생각을 품은 장르라니, 얼마나 매혹적인가! 어떻게 시를 탐하지 않을 수 있을까.

 탐하다 보면 나도 모르게 써 보고 싶은 충동이 든다. 마치 아무리 음치일지라도, 좋은 음악을 들으면, 그 음악의 어떤 부분의 멜로디라도 직접 흥얼거리게 되듯, 시를 쓸 생각이 없던 사람도, 시를 읽다 보면, 시적으로 말하고 싶어진다.

그중에는 발표해서 공유하고 싶은 시도 있지만, 요즘 세상은 나를 소설가로만 호명하고 시 청탁은 하지 않는 관례로 운영되고 있으니, 시 발표할 기회가 없던 차에 이렇게 몇 편을 발표하게 되어 기쁘다.

턱수염 도마뱀
외 4편

이명랑

이명랑 | 1973년 서울 출생. 1998년 장편소설 『꽃을 던지고 싶다』를 출간하며 작품활동 시작. 장편소설 『삼오식당』 『나의 이복형제들』 『여기는 은하스위트』 『천사의 세레나데』, 창작집 『입술』 『어느 휴양지에서』 등이 있다.

턱수염 도마뱀

등가죽의 색을 바꾼

파충류의

눈알이 박혀 있는 암벽,

정적이 패었다.

어떤, 움직이는 것들은

살기 위해 정적을 가장한다.

더러는, 돌이 되기도 한다.

소금

집은 철대문이 녹슬었다

구멍 난 녹 위로 사다리가 보인다

저 혼자 빨아져 있는 흰 운동화 한 켤레

해는 사다리에 앉아

벗어 놓은 운동화에 발을 집어넣고 있다

소금기가 하얗게 말라 가는 염전

버려진 고무대패 위로 일직선을 이룬 발자국

뒤로만 간다

바다는 게가 잡히지 않는 갯벌에서 끝나고

파도가 없는 마을에 배들이.

배 밑바닥에 고여, 반짝이는 바다는

하늘로 오르고

덩어리진, 날지 못하는 무엇, 배 밑바닥에 남는다

바다로 나가지 못하는 어선 위에

바다처럼 소금이 있고

뒤로만 가는 발자국이 뒤로 걸어와

사다리를 밟고 올라간다

버려진 흰 운동화를 신고 빈집 넘어 간다

올가미와 의자

쥐들의 잇몸이 부어 있다

사람의 발길이 끊이지 않는 곳
포도알 하나
어쩌다 터지지 않았을까?

상심한 쥐는 大路로 나온다
털의 빛깔은 회색
검거나 하얀, 그런, 색은
그의 몸, 어느 곳에도 없다

한때 튼튼한 이빨을 가졌던 종족
그 무리를 이탈한 쥐 한 마리

大路에 떨어진 포도알을 본다

포도나무, 푸른 잎, 촉촉한 기억,

아직은 유효하다고?

흙먼지를 뒤집어쓴 포도알을 물어뜯는다

회색 쥐의 부어오른 잇몸 위로

푹 꺼져 버린 희망이 흘러내린다

플라스틱으로 만든 방에 발을 들여놓다

너는 시간을 위해 울었다

네게는 소용도 없는 시간을 위해

물감으로 그려진 포도 넝쿨과

플라스틱으로 지은 집의 주인

가구가 없는 집, 속이 텅 빈

그곳, 시간의 주인

그러나 너는

시간을 부려 본 적이 없다

아마도

시간을 부릴 일이란

앞으로도 계속 없을 테지만

너는

앞으로도 계속

속이 텅 빈

그곳, 시간의 주인

뻐꾹뻐꾹

뻐꾸기 시계의 시간은,

뻐꾸기에게는 소용도 없는 시간은,

뻐꾸기 소리를 내며 지나간다

드라이플라워
— 어머니

돌돌 말려 있는 휴지를 푼다.

말려 있는 휴지가 풀리며

바닥에

그 가늘고 흰 발이 내려오는 소리가 들린다.

찢어지기 쉬운 소리다.

한 뼘 한 뼘 풀려 나갈 때마다

줄어드는 몸,

안타까워하지도 않는다.

한 뼘 한 뼘 잘려 나갈 때마다

떨어져 나가는 살점,

돌아보지도 않는다.

마루에 어린 짐승 한 마리

밤공기를 힘겨워하고 있다.

바닥에 가늘고 흰 발이 내려오는 소리,

한 마리 추운 짐승의 이불로 덮이는 소리,

겨울밤을 돌돌 말고 있다.

| 시작 노트: 첫사랑 |

   시 청탁을 받았다. 따끔, 손끝이 아려왔다. 거울에 비친 내 뺨은 약간 상기되어 있었다. 얼굴이 달아오를 일 같은 건 좀체 찾아볼 수 없는 나의 일상에 낯선 붉어짐이라니! 나도 모르게 벌어진 입을 손바닥으로 가만히 틀어막았다. 그럼에도 불구하고 꾸역꾸역…… 울음 비슷한 덩어리들이 입을 틀어막은 손가락들 사이로 흘러나왔다. 손바닥을 흥건히 적신 덩어리들…… 까마득하게 잊고 있던 詩들이 어쩌자고, 난데없이, 사방에서, 출렁이기 시작했다.

   내가 詩를 처음 만난 건 열네 살의 여름, 그 뜨겁고, 지루하고, 가망 없던, 시장바닥의 허름한 돌침대 위에서였다. 시집 같은 것이 왜 거기 나뒹굴고 있었는지, 누가 읽던 시집이었는지, 지금도 나는 알지 못한다. 더위를 피해 달아날 곳조차 없던 나는 열네 살의 여름밤을 견뎌 내기 위해 시장바닥의 텅 빈 가게들을 들쑤시고 다녔다. 과일 시장이라 새벽이 오기 전까지는 인적이 끊겼고, 나는 과일 가게 아무 데고 들어가 돌로 쌓아 만든 돌침대에 누워 달아오른 등을 식히곤 했다. 그뿐이면 좋았으련만, 왜 그날, 하필이면 그곳에 시집 같은 것이 놓여 있었을까?

나는 사로잡히고 말았다. 그 낡은 시집의 첫 장을 열어 버린 뒤로 내 눈은 詩에 붙박여 버렸다. 다른 곳으로는 도무지 눈을 돌릴 수가 없었다. 나의 10대와 20대는 온통 詩였다. 詩는 내 삶이었고 목표였다. 대학에 다니는 4년 내내 아침마다 스톱워치를 켜 놓고 1시간에 한 편씩 매일 아침 詩를 쓰는 짓거리까지 나는 서슴지 않았다. 버튼을 누르면 詩가 나오는 자판기가 되고 싶다고까지 생각했다.

그러나 나는 소설가가 되었다. 시집을 내기도 전에 먼저 첫 소설이 세상에 나왔고, 사람들은 내게 소설가라는 귀한 이름을 붙여 주었다. 한 해 한 해 소설가로 살아오며 詩는 슬그머니 자취를 감춰 버렸다.

시 청탁을 받았다. 따끔, 손끝이 아려왔다. 감쪽같이 사라져버린 줄로만 알았던 詩들이 '나 여기 살아 있어요, 살아 있어요!' 아우성치며 내게 달려오기 시작했다. 다시 詩를 쓰며 이렇게 긴 시간이 흐르고 나서야…… 감히 '첫사랑'이 아직도 끝나지 않았음을.

노랑 레몬
외 4편

전경린

전경린 | 1995년 〈동아일보〉 중편소설 부문 등단. 한국일보 문학상(1996), 문학동네 소설상(1997), 21세기문학상(1998), 대한민국 소설문학상 대상(2004), 이상문학상(2007), 현대문학상(2010), 현진건문학상(2016) 수상. 『염소를 모는 여자』 『바닷가 마지막 집』 『물의 정거장』 『내 생애 꼭 하루뿐일 특별한 날』 『검은 설탕이 녹는 동안』 『황진이』 『풀밭 위의 식사』 『최소한의 사랑』 『사교성 없는 소립자들』 『자기만의 집』 『얼룩진 여름』 등 출간.

노랑 레몬

육체여 잘 가.
매듭처럼 풀어지던 쾌락의 천 갈래 기관도 잘 가.
눈물과 웃음은 인과를 갖지만
난 우연히 울거나 웃어.

신은 머나먼 리마의 객석에 앉아 증거를 수집하며
우리의 알리바이가 드러나기를 기다리지.
그의 속성은 기다리다 우리가 잊어버리는 기다림.
너를 파묻고 칼 한 자루를 버리기 위해
사막과 국경의 거리와 넝쿨이 뒤덮인 숲과
지하의 미로를 헤맸다.

육체여 잘 가.
매듭처럼 풀어지던 쾌락의 천 갈래 기관도 잘 가.
내팽개친 약속과 약속 사이를 걸어갈 때면,
너의 벗은 어깨와 가슴과 팽팽한 배가

생생하게 떠오른다.

인내심만 남은 관 속에서 너무 느리게
산화하는 칼, 혀가 낙엽처럼 마르는 사이
기습적으로 고이는 달콤한 추억.
아무리 기다려도 전환은 눈물이
다 마른 뒤에야 오는 법.
신은 인내하시고 난 침묵의 칼을 삼키는 데
60년 같은 6년이 걸렸다.

세월은 얼마나 잘도 흐르는지,
모래 폭풍에 시달려 얼굴 윤곽마저 흩어졌지만,
나는 끝내
너를 암매장한 주소를 자백하지 않았다.
다만 아직도 이곳에서 시간의 바깥을 돌며,
네 웃음과 얄밉도록 고운 입술과

번쩍이던 젖은 눈동자와 명랑한 혀를 생각한다.

아무 이유도 없는 것들,
이제는 너 자신에게도 상실된,
애초부터 너라는 통로를 지나간 바람이었던
노랑 레몬.

사물이 우는 방식

의자에 등을 대고
고개를 젖힐 때면,
한 계절 전에 내린 비가
방울방울 떨어진다.
찢어진 우산처럼 천장이 운다.

수리 기사는 기능에 문제가
없다는데 낡은 냉장고는
제 수명을 헤아리며
밤마다 흥건히 눈물을 쏟는다.
너는 우는 냉장고를 차마
내버리지 못해 아침마다
발바닥을 적시며 시린 물을 마신다.

 자다가 등이 추워 잠에서 깬다.
 벽을 향해 모로 누우면 등 뒤에서

외로운 침대가 홀로 꿈속을 표류한다.

꿈의 강물은 쉽게 범람하고

침실 벽에 누렇게 얼룩이 진다.

하얗게 삶고 햇살에 말려

개어 넣은 서랍 속 속옷들이

꿉꿉한 상념을 소환하며 포개진다.

쉽게 곰팡이 피는 내일의 세탁 거리가

뒤 베란다 바구니 속에서 치정처럼 얽힌다.

잠 속에서 너는 눈꺼풀에 잔뜩 힘을 주어

오래된 치정들을 끊어 낸다. 어둑새벽에

서랍이 어깨를 들썩이며 흐느낀다.

보통의 외로움

역 앞 벤치에 누가 새기고 간 말, 외롭다.
그는 여기에 외로움 한 겹을 남기고
좀 가벼워져 떠났을까.
사는 의미를 묻는 건 누구에게나 외로운 일이지.
그는 십중팔구 젊은이일 듯.
외로움조차 5월의 오이처럼 물기 많은
스물하나에서 스물여섯 언저리.

그는 해가 지기 전에 제 외로움을
구하기 위해 뭐라도 했을까.
그러나 젊은이는 돌아서면
다시 외롭고 상시로 외롭지.

외로움이라는 말은 셰익스피어가 처음 사용했다지.

나이 들면 어떤 외로움은 사나워져

울분과 집착으로 바뀌지. 견디다가도

자주 언성을 높이고, 자주 폭음을 하고,

자주 물건을 내던지고, 자주 주먹으로 벽을 치지.

그러다 외로운 삶에 멱살이 잡혀 제 성질에 중독되고,

인습에 중독되고 돈에 중독되지. 술에 중독되고,

게임에 중독되지. 주식에 중독되고, 아파트에 중독되고

탄수화물에 중독되고, 하다못해 일과 자녀교육에

중독되어 눈썹 털을 곤두세우며

화와 피로의 세월을 건너지.

그리고 희망인지 절망인지,

외로움을 무색하게 하는

안 외로움이 온다지.

기쁨도 슬픔도 버겁고 성가신 늘그막,

그땐 빈 서랍처럼 홀로된다지.

아무도 기쁘게 해주지 않고,

누구도 기쁘게 해줄 수 없는 헐거운 노인이 되어
어디로도 가지 못하는 제 안의 세상에서
홀로가 제 차지인 걸 알게 되지.

다행인지 불행인지,
세상에 빈 곳이 없는 것처럼
외로움도 자신 하나로 딱 맞게 채워진다는
풍문이 돌아. 외로움도 친해지면 어느새
목을 적시는 물처럼 그윽하게 달기도 하다지.
그때는 독백하며 웃기도 한다지.
사는 게 사는 의미라며.

이중 책장

이삿짐을 쌀 때마다 책을 걸러 낸다.
사는 동안 많은 책을 버리고 여기까지 왔다.
버리는 책은 생각과 달리 오히려 새 책들이다.
오래된 책이 애착 책이 되는 건 어쩌면 당연한 일.
요전에 이사할 때는 다섯 개의 책장을
세 개로 줄이면서, 이중으로 책을 꽂게 되었다.

나는 원래 책 세계의 질서가 엄격해지는 것을 꺼린다.
책이 제 칸에 갇히는 것을 염려하고 방목한다. 책들이
책장을 돌아다니며 뜻밖의 자리에서 다른 책을 만나
한동안 교류하고 다른 자리로 옮겨 가는 건
내 책들의 은밀한 사생활이다.

오늘은 산도르 마라이와 조르주 페렉과
마르케스의 책이 만났다. 파블로 네루다와
허수경과 자크 프레베르가 만났다.

전경린

언제 어쩌다 만났는지는 알 수 없다.

오래된 책들은 헐거워져서 더 쉽게 빗장이 열리고

제목들은 안면을 익힌 이웃집의 목차를 기웃거린다.

문장들이 이웃 책의 페이지로 흘러들고, 더러는

자리를 바꾸고, 더러는 뒤섞이고, 더러는 녹아든다.

좀 누렇게 바랜 책등일수록 사생활이 활발하다.

어떤 책은 제목마저 자리를 비운 듯 보이지 않는다.

글자가 증발한 페이지들,

전에 본 적 없는 오·탈자가 발각된다.

예전에 밑줄 그은 문장이 안면을 바꾸고,

전에 없었던 모종의 의미가 돌연하게 부상한다.

이중 책장엔 비밀스러운 법칙이 있다.

찾지 않을 때면 모든 책이 거기 있지만

찾는 것은 사라진다.

사흘씩 나흘씩 찾아도 나오지 않다가,

찾지 않던 어느 날 늘 눈으로 훑고 다녔던 칸에서
태연한 얼굴로 껌을 씹듯, 제 문장들을 곱씹고 있다.
미셸 뷔토르와 아고타 크리스토프,
가와카미 히로미의 책들은 잘 숨는다.
한번 숨으면 찾기 어려운 내성적인 책들이어서
가능한 같이 묶어둔다. 가스통 바슐라르와
존 버거와 롤랑 바르트와 수전 손택의 책들도
짐작할 만한 이유로 같이 묶는다. 같이 묶기,
그것이 내 책장을 유지하는 최소한의 질서다.

버지니아 울프와 시몬 드 보부아르와
마르그리트 뒤라스와 아니 에르노는
같은 유전자를 가진 혈육 같다. 내가 의지하는
이 언니들은 가장 부지런한 여행자들이어서,
내 책장의 모든 칸을 돌아다니지만
나는 항상 그 책들이 있는 장소를 안다.

프랑수아즈 사강과 요시모토 바나나의 책은
입안에서 녹는 달콤한 추억 같다.
이젠 행방을 모르지만, 책장 어딘가에 있을
그 책들을 난 여전히 사랑한다. 과묵하게
자리를 지키는 책들은 헤밍웨이와 생텍쥐페리,
카뮈와 파트리크 모디아노와 레이먼드 카버와
카프카의 책들이다. 하인리히 뵐과 프랑수아 모리악,
가와바타 야스나리와 호르헤 루이스 보르헤스의 책도
그렇다. 이 책들은 애초에 지정 칸을 정해 두었다.
이들이 보이지 않으면 이내
정서불안이 오기 때문이다.
다른 책들은 지정석도 없고 정해진 궤적도 없이
맴돈다. 읽고 난 뒤 제자리에 꽂으려고 찾아가면
이미 틈이 메워지고 없다.
다음 책을 꺼내기에 바쁜 나는 어느 빈칸에 밀어
넣거나, 바닥에 쌓인 책들 위에 올린다. 그 위로

다음 읽은 책들과 아직 읽지 않은 새 책들이 쌓이고,
그러다가 빈칸에 생기는 대로 책을 올려 꽂으니
책들은 흘러 다닌다.
내 책들은 책장 안의 궤적을 순환한다.

이중 책장 속에서 때론 있는 줄도 몰랐던 책이
갑자기 나타나기도 한다.
오늘은 『우울한 열정』이 나왔다.
책에 밑줄을 긋거나 다급하게 귀퉁이를 접은 사람은
나이지만, 처음 보는 책처럼 낯설다.
'……우울한 사람은 자기가 인간성에 있어 부족하다는
것을 이미 알고 있다.'
비인간성의 원인과 증상을 아는 것은 불치의 병일 때도
위로가 된다. 아는 것이 위로다.
이 책을 쓴 수전 손택은 어디선가 이런 말도 했다.
'작가의 소명은 심오한 의미에서 반사회적이다.'

어떤 책은 책장 안에서 길을 잃어
실종되고, 때론 영영 행방불명이 된다.
찾던 책을 끝내 못 찾고 도서관을 가거나,
책을 주문할 땐 한숨이 나오지만,
당장 나오지 않아도 어디엔가 있다는 것을 믿는다.
누군가 빼가 버린 책들도 내 머릿속에 사는 것처럼,
이중 책장 뒤편에 책의 유령들이 어른댄다. 더러는
너무 오래되어 나무로 돌아가는 중인 책도 있다.
꺼칠한 질감, 갈색으로 바래고 습기와 먼지를 먹어
두꺼워진 종이들, 희미해진 글자들, 흡사 바짝 마른
나뭇잎처럼 손끝에서 부서질 것만 같다.
책 뒤편의 책들, 이중 책장은
책들의 신비로운 무덤이기도 하다.

내 책들은 너무 많은 것 같기도 하다가

너무 적은 것 같기도 하다.

이중 책장은 책들의 미로,

책들이 제 생애를 살고 있을 뿐,

내가 소유한 책은 한 권도 없는 것 같을 때도 있다.

그래도 분명한 건 이건 내 책장이고,

책장은 바로 여기에 있다. 팔을 뻗으면

내 손이 닿는 곳에.

공휴일

그런 나이가 되었어요.
그는 이제 혼자의 공휴일인 것처럼
세상사에서 빠져나왔어요.
출근하는 사람들과 달리는 차량을 뒤로하고,
가을 아침에 찬란하게 물든 공원 숲을
산책할 때면 숨 쉬는 공기도 달콤해요.
공원 잔디밭에서 커다란 개와 노는 남자를 보며
사랑스럽고 충직한 개를 키우는 상상을 해보지만
실제로 하진 않아요.
뒤치다꺼리도 성가시지만, 자신의 지루함에
균열이 질까 염려해요. 그는 매일 같은 벤치에
앉는데, 3여 년 동안 같은 시간에 뛰는 여자를
보다가 그만 감동하고 말아요.
여자는 속도도 없이, 제자리 뛰듯 달려요.
그도 어느 날 여자와 같은 자세로 뛸지 몰라요.
그를 움직이게 하는 유일한 동력,

그건 감동이지요.

그는 고독과 약간의 지루함을 방석처럼 깔고 앉아
생각 속에서 날아다녀요.
오직 생각만 생각처럼 빠르고,
상상만 생각만큼 빠르게 실현돼요.

오랫동안 그의 상태는 멍하거나
뭔가에 몰입해 있거나, 둘뿐이었어요.
몰입하지 않을 땐 머릿속은 이내
흐트러지고 산만하지요.
흐릿한 기억의 파편이 먼지처럼 부옇게
떠다니거나 알 수 없는 감정의 부스러기들이
심해의 마린 스노처럼 부유하지요.
기억과 감정의 잔여물이 몸에 들러붙지 않게
요령껏 피해 살아야 해요.

전화는 가려 받고, 세수나 샤워할 때는 수압 조절을
잘하고요. 물소리의 데시벨엔 위험한 음계들이
숨어 있어서 한순간에도
기억의 벼랑 아래로 떠밀리거든요.
하지만 언젠가부터는 그조차 아득해요.
마치 누군가 다른 사람의 기억과 상처 같아요.
그는 점점 평온해지고 있어요.

그가 즐기는 건,
간단하고 명료한 욕구의 해결이에요.
예컨대 익숙해진 단독가구의 살림살이.
아침엔 당근 라페를 올린 샌드위치와 진한 커피,
점심엔 나물과 생선과 잡곡밥을 먹어요. 저녁엔
삶은 달걀과 샐러드, 간식은 말린 생선포나
견과류와 치즈, 평범한 제철 과일이지요.
방바닥과 유리창을 닦고, 화분마다 정량의

물을 주어요.

장을 보고 냉장고와 저장 선반을 정리하고

신선한 채소를 나누어 보관해요. 고무줄이 늘어진

낡은 속옷과 목이 헐렁해진 양말을 삶아 빨고,

바랜 모자와 티셔츠를 표백해요.

매주 일요일엔 지인 두셋과 통화를 하고,

두어 달에 한 번은 가족이나 친구와 외식을 하고

몇몇과는 카톡도 하지요.

계절마다 옷들을 골라내 수거함에 넣고, 신년에

창고 방과 책장을 정리하고 별 새로울 것도 없는

새해 구매 목록을 만들어요.

바람이 약해진 선풍기를 바꾼다거나

운동화와 바지를 새로 장만한다거나

맛있는 소금이나 식초를 구한다거나. 그러면서

속으로 수명을 다해 가는 김치냉장고를 염려하지요.

책은 서너 권을 반복해 읽어요.

안구건조증이 심해 의사는 밤에 텔레비전은 물론이고 책도 보지 말라지만 넋 놓고 쉬기엔 텔레비전 시청이 최고예요. 자신이라는 가게 셔터를 내리는 휴식이자 세상을 내다보는 창구,

타인들의 감추어진 속내를 편집본으로 듣기도 하지요.

도무지 잠이 오지 않는 밤에 그는 UFC 종합격투기를 봐요. 전설적인 챔피언들의 경기는 녹화를 해두고 몇 번이고 보고 또 봐도 감동적이지요.

그들은 자신의 신들과 함께 링에 올라요.

그는 아데산야와 페레이라의 네 번째 대결을 특히 사랑해요.

페레이라에게 3연패 해온 아데산야가 2라운드에서 KO를 시켰지요.

인생 전부를 걸었던 리벤지 경기였어요.

아데산야는 복수는 달콤하다, 원하는 걸 이루고 싶다면
계속해서 추구해야 한다고 소회를 밝혔어요.
그의 말은 한동안 회자되었어요.
하지만 복수는 신의 몫이란 걸 그는 알아요.

사는 동안 숱하게 졌지만,
복수는 신에게 맡기고 그는
데운 찜질팩을 안고 잠자러 가요.
팩을 끌어안고 뒹굴다 깊은 잠에 빠져들지요.
잠은 달콤하고 날카로운 가위처럼 현실을 단절해요.
잠이 들면 그는 꿈의 영화관에 가 있어요,
꿈의 영화관은 현실의 바로 몇 계단 아래에 있지만
잠이 들지 않고는 갈 수 없는 먼 나라지요.
그곳은 언제나 상영 중이에요.
동시상영 정도가 아니라
시작도 끝도 없이 연속 상영 중이지요.

태어난 뒤로 평생, 매일매일

그는 꿈의 관객이었어요.

생의 진정한 반쪽 세상, 피난처이자 의지처,

고향이자 플레이그라운드, 바이킹과 롤러코스터가

언제나 흥행 중인 심야의 놀이공원,

시간과 공간, 중력과 인과를 벗어난 원더랜드.

그는 현실과 꿈 사이에서

고독과 약간의 지루함을 방석처럼 깔고 앉아

인생의 두툼한 책을 읽어요.

구멍이 숭숭 나고 모서리가 떨어져 나간 책이지만

그는 신뢰해요. 책의 마지막 페이지는

생로병사의 가려진 장막을 지나 피안까지

그를 데려갈 거예요.

| 시작 노트 |

   시 청탁을 받았을 즈음엔 당면한 소설이 써지지 않아 교착상태였다. 시라니, 엉뚱한 청탁이어서 재미있었다. 걱정되는 한편 생각을 흔들 계기가 될 것 같아 얼른 거절을 못 하고 고민했다. 소설가로 등단했을 때 시로 습작했느냐는 질문을 몇 번이나 받았다. 나는 처음부터 소설로 습작했다. 시를 쓴 적은 없었다. 하지만 소설가로 사는 동안 자주 시인을 부러워하긴 했다.
   시는 짧으니까. 시인을 떠올리면 거리에서나 마당에서나, 자기 방안에서나 어디서든 어슬렁거리는 모습이다. 그에 비해 소설가는 세상 끝까지 간다고 해도 결국은 책상 앞에 붙어 앉아 버티는 모습이다. 시는 전철을 타고 가다가도 한 편 완성할 수 있을 것 같다. 소설은 노동이지만 시는 노래니까.
   나는 시의 알레고리가 특히 좋다. 추상적인 관념을 구체적인 사물로 표현한 시를 볼 때 놀라움과 쾌감을 느낀다. 또 시의 현재성이 좋다. 시는 암송할 수 있고, 바로 거기서 한 편 전부를 펼

칠 수 있으니까.

　시가 시작되고 끝나는 그 하나의 마디가 현재이다. 현재에 존재하고, 현재를 사유하고 현재를 갖는 실감이 있다. 그에 비하면 소설은 구상이 끝나면 과거의 것이 되고, 쓰는 사이에 점점 더 먼 과거의 것이 되어 버린다. 소설 안에서 시간이 흐르거니와 그 바깥에서도 쓰는 동안 지난한 시간이 경과하기 때문이다.

　내 책장에 시집 칸은 단출하다. 나는 한때 릴케와 보들레르와 프레베르와 바하만과 보르헤스의 시를 사랑했다. 그 시들을 읽던 추억을 뒷배 삼아 시를 썼다. 전철을 타고 가다가, 공원을 어슬렁거리면서 시 한 편을 쓰려 했다니 언감생심이다. 나는 소설가라 그런지 결국 책상에 붙어 앉아 시를 썼다.

　시는 단번에 쓸 수도 있지만, 동시에 여러 겹의 현재가 중첩된 의식 세계이기도 하다. 시가 완성되기까지 몇 번이고 깎고 자르고 끼워 맞추며 다른 현재를 드나든다. 나는 가능한 처음에 나온

그대로 단순하게 펼쳤다. 시에서는 왜인지 마른나무 냄새가 났다. 마치 목공 일을 하는 기분이 들었다.

뱃사람
외 4편

한창훈

한창훈 | 1963년 전남 여수 거문도 출생. 한겨레문학상, 요산문학상, 허균 문학작가상 등을 수상. 소설집 『가던 새 본다』, 『세상의 끝으로 간 사람』, 『청춘가를 불러요』, 『나는 여기가 좋다』, 『그 남자의 연애사』, 『행복이라는 말이 없는 나라』, 장편소설 『홍합』, 『섬. 나는 세상 끝을 산다』, 『열여섯의 섬』, 『꽃의 나라』, 『순정』, 『네가 이 별을 떠날 때』, 산문집 『내 밥상 위의 자산어보』, 『내 술상 위의 자산어보』, 『한창훈의 나는 왜 쓰는가』, 『공부는 이쯤에서 마치는 거로 한다』, 어린이책 『검은 섬의 전설』, 『제주선비 구사일생 표류기』 등을 출간했다.

뱃사람[*]

그물 올리는데 배고픕니다 소주 마십니다

힘에 부칩니다 소주 마십니다

창고 정리 시작하자 잠 쏟아집니다 마십니다

다칩니다 소주로 씻어 내고 소주 마십니다

선장이 지랄합니다 소주 마십니다 선장 저도 마십니다

동료와 시비 붙습니다 마시면서 화해합니다

그러다가 다시 싸우고 또 소주 마십니다

포근한 살결이 그립습니다 소주 마십니다

고기가 잘 잡힙니다 마십니다

고기가 안 잡힙니다 마십니다

항구로 돌아옵니다 소주 마십니다

---

[*] 본인 산문집 『내 술상 위의 자산어보』의 「이별은 훈련이 안 돼-서쪽 항해기」에서 운을 빌려 옴.

한창훈

바다에 비 내리면

새벽부터 바다에 비 내려
천지간이 물색인데
이렇게 되면 산에도 마을에도 갈 수가 없어
하릴없이 소주잔이나 마주하게 된다
비는 거듭 내려
숫제 바다가 일어선 듯 물 벽이 만들어지고
거울인 듯 회상인 듯
피 묽어진 내 모습이 그곳에 어른거리는데
얼마나 많이 미워했던가
얼마나 자주 다시 살아야 했던가
반성까지는 아니라도
생각해 보고 있자니
마치 내가
젖은 하늘 날아가는 저 철새 같기만 하여
자꾸 쳐다보게 된다

여수

물이 맑다 하여 그 이름이라 했는데

사람들은 그렇지 않았다

연등천 포장마차 손님들은 날마다 멱살을 잡았고

해안 가게 주인들은 밤마다

똥을 퍼서 바다에 버렸다

어른은 아이를 때렸고

아이는 더 어린 애들을 때렸다

나는 마구간 별칭이 있는 중학교를 다녔는데

오후 5시가 되면

교회에서 여자 가수의 노래가 들려왔다

내 영혼이 은총 입어, 라는 노래였다

그녀와 달리 우리는 은총을 입지 못하였기에

매시간 운동장을 기었고 여러 가지를 착복당했다

 3년 저금을 되돌려 받던 겨울날, 친구는 울면서 서울행 밤 기차를 탔다

 그리고 완벽한 집구석이 완성되었을 때 나도 그곳을 떠

났다

  내가 이미 죽었다면 그때였다

계엄1

그 전에는 확, 전쟁이나 나면 좋겠다고 떠벌렸다

그러다 특전사가 몰려와 우리에게 총을 겨눴다

왜 그런지 아무도 몰랐다

그들이 MBC에 불을 질렀다

불타오르는 방송국을 보며 이젠 고립되었다는 것을 깨달았다

밤늦도록 가투는 이어졌다

눈 밑에 치약을 발랐기에 다들 흰 눈물을 흘리는 것만 같았다

젊은 놈들이 고작 최루 가스에 물러선다고 노인이 우리를 때렸다

다들 고개를 숙였고 그는 SY44 직격탄을 머리에 맞고 쓰러졌다

나는 블록 조각을 들고 튀어 나갔다

장갑차 위의 군인이 총으로 나를 겨냥했고

그때 포클레인이 달려와 장갑차를 들이받았다

두 전차가 쇠 갈리는 소리를 내면서 힘 싸움을 했다

결국 포클레인 운전자가 총을 맞고 쓰러졌다

계엄2

나는 도청이 사선으로 보이는 양영학원 앞에 서 있었다
편도 1차선 도로에는 자동차가 불타고 여기저기 시신이 엎어져 있었다
부상자를 구하려고 두 사내가 태극기와 백기를 들고 중앙선으로 천천히 걸어갔다
도착하는 순간 그들은 머리에 총을 맞고 쓰러졌다
그때 누군가 기대 왔다
몸이 뚱뚱하고 눈이 순한 아이였다
몸을 돌리다가 등에 맞은 것이다
병원으로 가는 동안 그의 다리는 힘이 풀려갔다
한동안 나와 어깨를 바짝 대고 있던 이였다는 것을 깨닫고
비로소 겁이 났다
총알이 나를 특정하여 날아오는 것만 같았다
절대 전쟁은 일어나서는 안 된다는 생각이
따라오지 못할 정도로 나는 달렸다

| 시작 노트 |

  물론 여자한테 차였던 스무 살에 여러 줄 끄적거리기는 했지만, 글패 활동 했던 대학교 3학년 때 의무로 2편 써본 게 전부인데 청탁을 받고 느닷없이 시라는 것을 쓴다. 그러자니 새삼 박남준 시인한테 미안해진다. 참 많이도 놀렸으니까.

  "시 그거 대충 나무 이름 서너 개 쓰고 이파리가 떨었다고 하고 그 아래로 멀리 떠나간 사람이 있었다, 뭐 이러면 되는 거 아니여?"

  그러면 형은 나름 거칠게 저항했다.

  "너 같은 뻥쟁이 소설가가 시를 알어?"

  물론 나는 또 대꾸했다.

  "뻥이 낫지. 시는 숫제 끝까지 우기는 장르니께 말이여."

  암튼 이번 청탁에 얼결에 써보니, 역시나 쉬운 것은 하나도 없구나 싶어서 이제 절대 안 놀려야겠다, 다짐도 하게 된다. 그동안 보아온 바로는, 시인은 세상 읽어 내는 렌즈로 자신을 사용하고 있어서 그들의 더듬이는 중간에 휘어서 스스로를 향해 뻗어 있고 소설가 더듬이는 바깥을 향해 나 있었다.

그런 이유로 소설에서 나 자신에 대해서는 도통 쓰지 않았는데 이 짓을 해보니(소설가가 쓰니까 짓이다) 역시나 내 이야기가 흘러나오는 것을 보고 그게 다 이유가 있었구나 싶어지기도 한다. 시인들에게 영광을!